COMO EDUCAR MEU FILHO

e torná-lo independente

CARLA CRUZ

COMO EDUCAR MEU FILHO

e torná-lo independente

IDÉIAS & LETRAS

DIRETORES EDITORIAIS:
Carlos Silva
Marcelo C. Araújo

ASSISTENTES EDITORIAIS:
Avelino Grassi
Roberto Girola

COORDENAÇÃO EDITORIAL E REVISÃO:
Denílson Luís dos Santos Moreira

COPIDESQUE:
Leila Cristina Dinis Fernandes

DIAGRAMAÇÃO E CAPA:
Juliano de Sousa Cervelin

IDÉIAS & LETRAS

Editora Idéias & Letras
Rua Pe. Claro Monteiro, 342 – Centro
12570-000 Aparecida-SP
Tel. (12) 3104-2000 – Fax (12) 3104-2036
Televendas: 0800 16 00 04
vendas@ideiaseletras.com.br
http//www.ideiaseletras.com.br

Dados Internacionais de Catalogação na Publicação (CIP)
(Câmara Brasileira do Livro, SP, Brasil)

Cruz, Carla
Como educar meu filho e torná-lo independente / Carla Cruz. – Aparecida, SP: Idéias & Letras, 2007.

ISBN 978-85-98239-85-9

1. Educação de crianças 2. Família 3. Pais e filhos 4. Papel dos pais I. Título.

07-6003 CDD-649.1

Índices para catálogo sistemático:

1. Autonomia doméstica infantil: Educação de filhos: Vida familiar 649.1

Agradecimentos

Em primeiro lugar, agradeço a Deus, Inteligência Suprema, Causa Primária de todas as coisas.

Quero agradecer em especial a meu marido, Uirá Endy Ribeiro, o apoio e o amor sempre presentes. Sem ele seria impossível este livro. Agradeço a Deus a felicidade por ser esposa dessa alma tão linda. Eu te amo muito!

Em especial também a minha mãe e mestre em culinária Neide Oliveira Cruz, que é digna do título que carrega. Foi ela quem produziu todas as ilustrações deste livro, tudo com muito detalhe e cor! Quem for a sua cozinha poderá comprovar o que eu digo e apreciar sua habilidade em produzir bolos elaborados e muito mais.

À minha irmã Cristiane Oliveira Cruz, que gentilmente enriqueceu o Capítulo 16 com seu especializado conhecimento em odontopediatria.

À vovó Nelly Furbetta e ao Dr. Mário Cabral Ribeiro, Presidente da Associação Médica Homeopática de Minas Gerais, sempre dispostos a reverem meus manuscritos e a contribuir de maneira majestosa.

A meu pai Carlos Emiliano, que sempre me ensinou a acreditar em meus sonhos e seguir em frente com eles e que com dedicação, trabalho, honestidade e alegria a vida tem um outro sabor.

Aos amigos Eliane, João Alberto, Regina (Rerê), Vovó Nelly, Chloe, Jamey, Marcos, Paula, Mariana, Bete, Napoleão, John e netos, que abrilhantaram este livro com suas histórias de vida e sorrisos, mesmo sabendo do trabalho que estava por vir.

A meu editor Avelino Grassi, que acolheu uma idéia com tanta presteza e carinho.

Ao companheirismo e apoio das diversas pessoas que foram cruciais em diversas ocasiões, minha gratidão.

E, por último, apesar de estar diante das palavras, só encontro ausência. Esse gênero de sentimento que não sei explicar, que não sei dizer. Que te dizer, meu filho? Todos os dias: te amo! Todos os dias sinto orgulho em ti. Todos os dias desejo que sejas sempre tu, apenas tu e nada mais que tu. Todos os dias me sinto tua mãe (de preferência mamãe), descobrindo nisso uma razão de ser na vida que, antes de ti, ignorava por completo. É graças a ti que tento ser uma pessoa melhor, mesmo sabendo que, quanto mais ando, mais tenho para andar. Sem que te apercebas, à medida que vais aprendendo o que é a vida, eu, que me julgava conhecedora de todas as respostas, descubro que afinal ainda só conhecia as perguntas, e que assim vamos os dois aprendendo juntos essa coisa indescritível que é a vida. Obrigada, filho Arthur, por todos os instantes que me tens oferecido, por, mesmo sem o teres decidido, partilhares comigo o milagre da tua vida. Obrigada!

Carla Cruz

Sumário

1

Autonomia Doméstica Infantil

Importância nos dias de hoje

Capítulo 1

O que é Autonomia Doméstica Infantil?

Foi exatamente essa pergunta que fiz aos pais de uma garotinha de oito anos de idade que vinham a meu consultório. A escola dela oferecia um curso extraclasse de Autonomia Doméstica para crianças.

Interessei-me muito pelo assunto, pois se tratava de uma extensão dos programas de psicologia do desenvolvimento que me ajudam a trabalhar com as crianças na clínica.

Essa nova disciplina da escola de minha pequena amiga é muito recente. Até algum tempo atrás pouco se ouvia sobre esse assunto, e o material existente ainda é escasso. Mas antes de definir o que é Autonomia Doméstica e explicitar sua importância, sinto necessidade de mencionar o contexto em que ela apareceu.

As mudanças são a única constante no mundo ocidental do século XXI. Disso ninguém discorda. E cada vez mais cedo as pessoas têm de se adaptar a elas. A cada dia mais se espera das pessoas e mais lhes é cobrado. Exige-se melhor preparo, maior especialização e muito trabalho. Esse estilo de vida pouco acomodado, em que as pessoas dispõem de tão pouco tempo para as coisas que realmente importam na vida, já está sendo sentido não só pelas famílias, como também pelo IBOPE: as famílias estão cada vez menores e as pessoas se tornam pais cada vez mais tarde na vida.

Os fatos acontecem mais cedo, torna-se adolescente muito cedo e, conseqüentemente, o próprio processo de responsabilização e de autonomia aparece precocemente. O resultado de tudo isso é claro: as mães trabalham, as crianças têm a chave de casa, ficam sozinhas, aquecem a comida e, às vezes, até ajudam a arrumar a casa.

A gravidez aos quarenta anos é uma tendência da vida moderna. As evoluções tecnológicas e a inserção das mulheres no mercado de trabalho são fatores que contribuem para esse fato, que não pode ser visto apenas como uma opção pessoal.

A carreira profissional é a justificativa campeã entre os motivos que levam as mulheres a adiar o sonho de serem mães. E, depois que os filhos nascem, o período que as mães passam com eles vem sendo cada vez menor.

É nesse contexto que os pais precisam preparar os filhos para que cuidem sabiamente de si próprios. Isso não significa deixar as crianças desprotegidas, à mercê dos perigos de uma casa e, posteriormente, do mundo. Mais do que a escola de minha amiguinha tenta ensinar, estou certa de que está nas mãos dos pais a tarefa de preparar os filhos para uma "pequena maturidade":

- Lidar com estranhos.
- Lidar com dinheiro.
- Evitar choques elétricos.
- Relacionar-se com empregados e babás.
- Relacionar-se com outras crianças.
- Proteger o próprio corpo.
- Evitar intoxicações.
- Cuidados com facas, fogo e gás.
- Lidar com a própria sexualidade.
- Cuidado com janelas e sacadas.
- Ter boas maneiras.

O grande vilão que força os pais a prepararem seus filhos o quanto antes para lidarem com o mundo é a "falta de tempo" para estarem sempre por perto. Esse problema, porém, se encarado de forma diferente, pode ser um estímulo a mais para aproveitarmos todas as oportunidades que desfrutamos da companhia de nossos filhos, de maneira proveitosa, fazendo que cada minuto compartilhado valha a pena e faça toda a diferença.

Não conheço nenhum pai que não queira o melhor para seus filhos. Todos os pais desejam que os filhos cresçam com autoconfiança, que estejam bem preparados para o futuro, que sejam pessoas boas, bem educadas, virtuosas (por que não?), sadias e com uma boa perspectiva de vida.

Mas para alcançar esses objetivos, cabe aos pais empregar muita energia na *base* dessa construção e formação educacional de seus filhos. Não estou referindo-me à educação formal, mas aos valores como caráter, autoconfiança, atitudes e outros. Não existe melhor lugar no mundo para uma criança aprender e incorporar essa formação do que o próprio lar e em meio a sua família. Estejam certos de que, de uma forma ou de outra, os filhos acabam espelhando-se nos valores, nas crenças e nas atitudes dos pais, e é melhor assim do que na rua, pelo menos na maioria imensa dos casos.

Neste livro não pretendo de forma alguma fornecer um "Band-aid" social que possibilite aos pais, através de frases-clichês, miraculosamente fortalecer uma relação amorosa, sadia e prazerosa com seus filhos. Não se trata de uma construção a curto prazo.

É importante entendermos que os valores que pretendemos passar para nossos filhos serão como o mapa que eles irão apreender para poder enxergar o mundo e buscar o melhor para si. Então, é muito importante que os filhos estruturem da melhor forma seu mapa, para poderem ir na direção certa, quando fizerem suas escolhas durante a vida. Esse mapa ou conjunto de valores é construído a partir de pequenas atitudes e orientações que fornecemos a nossa criança desde cedo. Essas pequenas virtudes com o tempo irão servir de parâmetros para nossos filhos e os ajudarão a visualizar melhor como as coisas funcionam e como devem interagir com elas.

É um processo longo e demorado e que demanda investimentos diários.

O primeiro ponto a ser trabalhado é a confiança. Uma vez que a criança confia em seus pais, o diálogo entre pais e filhos é mais rico, mais proveitoso.

O segundo ponto, igualmente importante, é a questão do exemplo. O ser humano se espelha no outro, imita as pessoas que admira. O velho ditado "faça o que eu faço" é a regra de ouro aqui.

O terceiro ponto é a auto-estima da criança. Ensiná-la a fazer coisas por si só, sem proteção exagerada, e prover um ambiente farto em experiências positivas faz com que a criança goste mais de si mesma, confie em sua capacidade de execução e se torne um adulto bem resolvido.

Uma vez fomentada uma base sólida para o aprendizado, estamos garantindo que a aquisição da autonomia doméstica pela criança seja uma conseqüência natural.

2

Os Amigos Vêm e Vão, Mas a Família é Para Sempre

Construindo um vínculo de confiança e amor com seu filho

Capítulo 2

Seria possível um agricultor que, tendo esquecido de plantar na primavera, passando o verão inteiro de folga e depois, no outono, viesse a trabalhar feito louco, conseguisse uma boa safra?
Claro que não! Pois é natural que a produtividade de uma fazenda dependa de uma sistemática dinâmica de cultivo. O esforço precisa ser feito diariamente, e o processo, respeitado.
As pessoas sempre colhem o que semeiam. Não existe atalho.

A autonomia de uma criança inicia-se com um vínculo de confiança que ela estabelece com os pais. Conseqüentemente, o desenvolvimento de uma autonomia doméstica bem-sucedida tem seu início desde cedo.

Quando uma criança está se formando no útero, ela não está apenas desenvolvendo seus aspectos físicos. Sua personalidade também já está sendo moldada e, portanto, os pais devem procurar, desde já, despertar o potencial positivo dela. Uma vez que o aspecto afetivo exerce uma profunda influência sobre o desenvolvimento intelectual, frases positivas e que estimulem a formação da auto-estima devem ser ditas logo cedo.

Durante os três meses iniciais da vida, a qualidade das primeiras conversas depende da maneira pela qual os pais se comunicam com o bebê. É importante, enquanto se fala, olhá-lo bem de frente e segurar sua nuca firmemente para que ele se sinta protegido. Nessa interação com o bebê é interessante aprimorar o vínculo afetivo associando à fala carícias, beijos, toques e olhares, com a finalidade de manter contato e demonstrar afeto. O afeto inclui sentimentos, interesses, desejos, tendências, valores e emoções em geral, e tudo isso facilita o relacionamento futuro. Por volta dos seis ou sete meses, a maioria dos bebês já distingue a figura de vínculo, normalmente a mãe, como um indivíduo especial. Quanto à qualidade do vínculo entre o bebê e a mãe, esta ocorre por volta dos oito ou nove meses de idade, sendo importante a continuidade do diálogo, enquanto instrumento que ajuda a criança a expandir sua visão de mundo. Depois do primeiro aniversário, as crianças começam a utilizar a fala para se comunicar, ainda que com declarações confusas, e muitas vezes puxam conversas com adultos (Bloom et al., 1996). A partir daí, conversas sobre os acontecimentos na escola, sobre os programas de televisão, sobre seus próprios sentimentos sempre são bem-vindas.

As crianças se sentem especiais quando os adultos reservam tempo para ter conversas genuínas com elas.

O diálogo deve estar presente em toda a jornada, na qual pais e filhos participam juntos.

Os pais e os outros adultos que convivem com crianças ajudam muito se conseguirem ser sinceros nos momentos em que algo verdadeiro for percebido. A verdade deve sempre prevalecer. Por exemplo, não saia às escondidas, mesmo que ela chore, e não ameace com mentiras ou promessas que não cumprirá. Um outro aspecto a considerar é que a superproteção cria dependências em excesso. Seja firme sem ser duro. É importante obedecer ao que é justo e acrescente "sei como você se sente", explicando-lhe o porquê. Sempre é bom orientá-la sobre o que é seguro e o que é perigoso, ensinando-lhe a praticar ações que sejam capazes, respeitando a fase de desenvolvimento, *para que conquistem autoconfiança e autonomia.*

É muito importante para o bem-estar emocional de uma criança a capacidade de perceber a realidade, de acreditar na percepção. Admitir uma falha ou uma dificuldade, concordar que é verdade quando de fato o for, permitir que vá aprendendo a lidar com a realidade e a discernir o verdadeiro do falso, é criar um vínculo de confiança entre pais e filhos.

A honestidade e a integridade são as bases da *confiança*, algo fundamental para o estabelecimento de um bom relacionamento com a criança, como para uma discussão aberta dos ensinamentos ou valores.

Esse diálogo, esse vínculo de confiança e de amor, com todos os seus limites e possibilidades, proporcionam um ambiente mais estimulante e feliz para seus filhos.

Muitas vezes, porém, vivemos tão presos aos problemas do dia-a-dia e influenciados por respostas, como: "Eu cansei de avisar..."; "Não era assim no meu tempo..."; "Quando eu tinha a sua idade...", que acabamos criando um grande abismo entre nossos filhos e nós, principalmente na fase adolescente. E o modo como nos relacionamos com eles diariamente acaba não estabelecendo relação alguma com o modo como nos sentimos em relação a eles.

Os pais devem estar preparados para ouvir as mais variadas falas dos filhos, inclusive as que forem contra seus princípios. Nesses casos, evitem comportamentos autoritários ou superprotetores. As conseqüências desses dois tipos de "maternagem" podem contribuir, e muito, para o desenvolvimento de traços de personalidades dependentes, crianças e futuros adultos que não se sentem seguros longe da orientação e proteção dos outros e que acabam aprendendo também que a única maneira possível de manter as relações afetivas é a submissão.

Não se deve concordar com tudo o que os filhos dizem, mas devemos escutar sem recriminar e sem uma atitude exacerbada. Isso favorecerá que as crianças se sintam mais seguras em serem honestas e autênticas, além de se sentirem amadas integralmente pelos pais e não apenas em seus aspectos positivos. Tentem evitar, por exemplo, comparar um irmão com o outro. O ideal é ver sua criança como um ser único, distinto, com potencial em diversos setores que irão desenvolver-se em seu *próprio* ritmo e velocidade, mas que precisam de nosso apoio para se afirmar, em especial durante os anos pré-escolares, que prenunciam a personalidade e a realização na adolescência. Em caso de brigas ou discussões entre seus filhos, aproveitem a oportunidade para ajudá-los a aprender novas habilidades e construir um ambiente familiar positivo.

Em vez de julgar o filho ou comparar suas atitudes, apreciem sua companhia.

Quando as crianças estiverem contando muitas histórias fantasiosas durante os anos pré-escolares, como ter feito alguma viagem ou comprado algo sem condições para tal, provavelmente estão procurando satisfazer seus desejos na fantasia. Caso isso ocorra, o melhor é dar-lhes elementos da realidade para que possam ir constatando que o que dizem não é verdade.

Pensar que seu filho mente ou faz algo reprovável não é nada confortável para nenhum pai. No entanto, não devemos iludir-nos acreditando que nossos filhos são perfeitos. Também não vamos torná-los perfeitos, mas podemos com algumas atitudes simples ajudá-los a serem mais honestos e participativos.

A credibilidade vale tanto no trabalho quanto em casa com seus filhos. Se a criança cultivou o hábito de acreditar em sua palavra e em suas promessas, ela vai agir conforme seus conselhos, mesmo que ainda não tenha maturidade suficiente para entender as implicações do que vocês estão falando. Sejam honestos consigo mesmos ao fazer uma promessa para uma criança, pois ela nunca a esquecerá. Esse simples hábito vai ser muito importante quando forem aconselhar o filho a fazer ou a deixar de fazer algo. Ele vai acreditar em vocês.

É muito importante também que a atitude dos pais seja de escuta, aceitação e compreensão, porque provavelmente os filhos vão confiar e manter com eles um canal de comunicação aberto. Esse canal acaba configurando uma ótima oportunidade de conhecer o filho, de poder orientá-lo em algumas questões da vida e mostrar que a verdade vale a pena. Se um adolescente confia em seus pais e sente que saberão ouvi-lo, provavelmente não enfrentará grandes dificuldades em contar, por exemplo, que em determinada festa alguém usou drogas. Se os pais chegarem com pedras na mão, esse jovem pensará duas vezes antes de dizer algo.

O melhor é criar um clima de confiança que possa favorecer a comunicação entre pais e filhos. Agindo assim, os pais abrirão um canal de comunicação com os filhos, podendo orientá-los em várias questões da vida.

Especialmente com as crianças, esse vínculo de confiança também acontece através da brincadeira. A relação com os pais e irmãos mais velhos como companheiros de brincadeiras tem uma função fundamental no desenvolvimento do vínculo afetivo, da aprendizagem, da motivação e da autonomia. Brincando com o filho, vocês poderão conhecê-lo melhor. É também uma maneira de fazer sua criança se sentir importante.

Não é fácil ter paciência, mas como estamos aqui buscando construir um vínculo saudável com nossos filhos, aprender a simplesmente escutar, sem julgar ou dar um sermão sempre que o filho comece a falar, torna-se necessário. Tentem apenas escutar e compreender. Deixem que sua criança perceba sua preocupação e seu interesse por ela. Vocês podem estar investindo atenção em uma atividade altamente prioritária, quando seu filho menor interrompe com algo que lhes parece trivial, mas pode ser muito importante do ponto de vista dele. Ao interromper seu trabalho e direcionar sua atenção a ele, vocês estarão aceitando o valor que sua criança coloca no que vocês têm a dizer e, assim, demonstram que vocês a compreendem, o que equivale a um grande avanço na construção de uma relação fraternal saudável.

Na verdade, não existem soluções rápidas. Construir e estabelecer relações são investimentos a longo prazo.

Tenho uma amiga cuja filha desenvolveu um profundo interesse por "história do cinema". Essa amiga não se interessa nem um pouco por cinema, tampouco pela "história do cinema". Mas, durante um feriadão, ela levou a filha para assistir a uma mostra de cinema na cidade de Tiradentes. A viagem durou uma semana e lhe custou um bom dinheiro, mas também criou um vínculo mais forte nesse relacionamento. Se perguntarem a essa amiga se ela gosta de cinema ou coisa do gênero, ela responderá: "Não gosto nem um pouco de cinema, mas amo muito minha filha".

Como podemos ver, uma nova relação saudável é capaz de surgir à medida que desempenhamos um papel de *colaboradores* com relação a nossos filhos.

Uma vez desenvolvido o vínculo afetivo, a aprendizagem, a motivação e a disciplina serão o "meio" para se conseguir a autonomia e a autoconfiança da criança, necessárias para seu bem-estar.

3

Faça o que eu Faço

A importância do bom exemplo

Capítulo 3

Se a viga de cima estiver torta,
não há como endireitar a de baixo.
Provérbio chinês

Esse provérbio nos lembra muito bem a importância do bom exemplo dos superiores (pais, professores e outros), pois, quando se trata de educar para virtudes, só se ensina fazendo.

O bom caráter não se forma apenas através das orientações ou das ordens e proibições. Não basta que os pais digam a seus filhos que façam isso ou deixem de fazer aquilo, pois a educação é um processo demorado e requer cuidado especial e contínuo. A educação só é válida quando se realiza através de um bom exemplo. Então, diante dos filhos, principalmente na primeira infância, os pais devem buscar comportamentos ponderados, pacientes e tranqüilos. A criança leva tudo muito ao pé da letra e acaba percebendo as contradições dos adultos.

As crianças precisam de adultos que sirvam de modelos nos quais elas possam se inspirar. E um bom modelo realmente faz a diferença.

Pais muito permissivos, que estão sempre evitando dizer "não" a seus filhos e tentam substituir esse não por expressões, tais como "não faça isso", estão educando seus filhos sob expectativas irreais. Isso porque não podemos nunca nos esquecer de que a criança tem sensibilidade para a justiça, *para o que lhe é justo*. Pais, não deixem que ela faça tudo o que quer. *Procurem ser justos*. Saibam dizer não, pois os limites devem ser colocados desde cedo.

É muito comum quando pais e filhos vão às compras juntos, por exemplo, a criança ficar pedindo algo que os pais podem dar (uma bala, um chocolate ou um brinquedo novo). Em um primeiro momento, os pais negam. Dez minutos depois, porém, os pais acabam cedendo ao pedido da criança, tamanha foi sua insistência. Assim, acabam desperdiçando seu *patrimônio moral*. É lógico que ninguém é perfeito, mas não podemos acomodar-nos diante dessa constatação.

Sermos bons pais dá trabalho. Não há pais perfeitos. Todos cometemos erros, mas quanto melhor compreendermos nossa tarefa, melhor nos esforçaremos para desempenhá-la bem e maiores serão as possibilidades de nossos filhos atingirem seu maior potencial. Além disso, o que pode ser melhor do que alguém tentar aprimorar-se por uma boa razão? E seus filhos, tenho certeza, devem ser as maiores razões de sua vida! Portanto, fiquem atentos, quando forem dar um "não"; dêem um "não" mesmo ou então cedam de uma vez, pois a criança acaba aprendendo que *insistindo* consegue as coisas.

É impossível ensinar sua criança a ser uma pessoa honrada, lutadora e responsável apenas nos grandes momentos da vida. Ensiná-la a partir das pequenas coisas do dia-a-dia é prepará-la para as grandes conquistas que a aguardam.

Crianças precisam de limites. Limites de verdade.

Muitas vezes as lições devem ser repetidas. É preciso muita paciência, boa comunicação, muito amor e também sorte. E nada está garantido. Até os melhores pais devem estar preparados para os desapontamentos.

Saibam que crianças e adolescentes não aprendem com discurso, mas com comportamento, com exemplo, com *coerência.* E aí entra uma série de exemplos de aprendizados indiretos: "Os pais dizem que é proibido mentir, mas pedem para os filhos dizerem que não estão em casa quando alguém inoportuno telefona". Falta coerência na educação familiar. Ou ainda, "você quer que seu filho lhe conte como foi o dia dele, mas você não lhe conta como foi o seu". Nesses casos e em muitos outros, para que os pais estejam tranqüilos em relação ao que esperar dos hábitos dos filhos no futuro, o *diálogo* precisa ser implantado no ambiente familiar.

Os pais devem informar a realidade dentro da capacidade de compreensão dos filhos. Com um diálogo simples e direto, permitindo que eles mesmos procurem as próprias soluções e tomem decisões, para que cresçam e ganhem responsabilidade.

Dialogar, argumentar é sempre melhor que punir simplesmente. Dizer apenas "faça isto" ou "não faça isso" não resulta em aprendizado. Se a criança errou, que sejam dadas a ela condições para acertar. Digam ou mostrem às crianças como cuidar do problema. "Eu sei que você não quis derramar toda a pipoca no chão, mas eu vou ensinar a usar pá de lixo e a vassoura para limpar esse tipo de coisa." Quando a punição for inevitável (por exemplo, ir para o quarto ou uma perda temporária de um privilégio), deixem bem claro para a criança que isso se deve a seu comportamento e não a seu caráter. A mensagem deve ser: "o que você fez está errado" e não "você é uma criança detestável".

Essa atitude de chamar nossos filhos de maus, mentirosos, que não sabem fazer nada direito, refletir-se-á negativamente na conduta deles.

Ao contrário, ofereçam-lhes segurança e não lhes neguem a mão. Ao invés de dizer ''não faça isso", os pais devem, por exemplo, propor "faça de outro jeito". Quando forem dizer algo para seu filho, façam sua presença física ser sentida. Em vez de gritarem de um outro quarto ou do corredor, vão até seu filho e olhem nos olhos dele quando falar. Com uma criança pequena, experimentem ajoelhar-se, ficar no mesmo nível do olhar dela, tocá-la enquanto falam.

Digam sempre a seu filho *o que fazer* ao invés de *o que não fazer*. Qualquer pai de primeira viagem vai perceber que as crianças adoram fazer o que foi proibido. Faz parte do aprendizado, da curiosidade, de explorar o mundo e os limites. Se querem realmente que suas mensagens sejam entendidas, evitem a negação e afirmem o que precisa ser feito, sem dureza, mas com firmeza. Por exemplo, a mensagem "não corra" é ineficaz. Tente dizer "caminhe enquanto atravessa a rua", ou mesmo no lugar de "não pinte a mesa", diga "pinte o papel". Os resultados serão bem diferentes.

Seja claro e específico. Dizer por exemplo: "Não faça sujeira", não surte efeitos. Mas: "Isso é lixo; deve ir para a lata de lixo", vai ser ouvido e feito. Uma outra boa maneira é fornecer as informações necessárias à criança para que ela tome a decisão que lhe pareça mais acertada, justa e eficaz. No lugar de dizer: "Depressa, vamos", é melhor dizer que "o ônibus da escola chega em dez minutos". Ela vai entender perfeitamente que deve apressar-se para não chegar atrasada.

Assim, a criança não sentirá medo ante as novas experiências que lhe serão propostas. Quanto mais ações ela realizar, mais segura se sentirá. Devemos também premiar nossos filhos com nossa aprovação sempre que mostrarem aprender qualquer coisa de novo. E igualmente devemos estar criando oportunidades diárias de aprendizagem. A escola, os *hobbies*, os projetos familiares, jogos conjuntos, compras, clubes, cinema, brincadeiras, museus, viagens são experiências válidas para as crianças compreenderem e seguirem as regras dentro e fora de casa.

É na infância que o indivíduo estabelece sua forma de lidar com o mundo, com as angústias e com as emoções e, à medida que lhe damos bons exemplos, exemplos de amor e compaixão, estamos ensinando-o a expressar o amor, a frustração e até mesmo a irritação, de maneira saudável, além de crescer com a finalidade de agregar valor à vida das outras pessoas.

Em muitos momentos, é preferível lhes dizer: "Estou muito zangado. Dê-me um minuto para acalmar. Daqui a pouco falamos sobre esse assunto". Assim poderão perceber expectativas mais realistas em suas relações com as outras pessoas. Desde cedo, aceitem fracassos e frustrações apropriados e os ajudem a lidar com as dificuldades. Permitam também que seus filhos o vejam quando cometer erros, aprendendo com seu modo de lidar com eles e aceitando a responsabilidade de corrigi-los. O que vale na educação de nossos filhos é adotar comportamentos que não estejam marcados pela ambigüidade, que não diminuam nosso amor próprio ou nossa autodisciplina.

Mais vale uma atitude do que dez mil palavras.

4

Agregando valores a seu filho

Capítulo 4

Se os pais não transmitirem valores aos filhos, outros o farão.

A noção de ensinar valores a nossos filhos é um dos temas mais falados e possivelmente o mais discutido entre pais e orientadores. Os pais realmente se preocupam com a importância dos valores e de como transmiti-los aos filhos. Com o declínio tão emergente dos valores em nossa sociedade, importantes questionamentos nos ocorrem, como: Quais são meus valores? Qual a importância de ensiná-los a meus filhos? Os valores de meus filhos devem ser exatamente iguais aos meus? Eu realmente conheço meus valores pessoais ou quando eu os nomeio estou apenas repetindo um jargão? Quando tomo uma decisão, o que eu levo em conta em meu julgamento? Isso está de acordo com os valores que eu presumo que tenho ou gostaria de ter?

O que vem a ser valores? Valores são aquelas qualidades que justificam ou motivam nossas ações, segundo as quais valorizamos ou desvalorizamos fatos e coisas. Valores não são coisas nem simples idéias que adquirimos, mas conceitos que traduzem nossas preferências e orientam o modo como vivemos nossas vidas. São tão importantes que acreditamos que, se quisermos ver nosso filho feliz e que ele seja um adulto equilibrado, precisamos investigar o processo e aprender maneiras mais precisas de ensinar valores seguros a nossos filhos.

São os valores que determinam nossas atitudes, nossos hábitos e que constituem nosso caráter. São mapas que guiam e formam nossa maneira de ver o mundo e de se inserir dentro dele. É muito importante que tenhamos bem claro quais são nossos valores de fato, porque, se traçarmos um mapa errado, por mais que nos esforcemos, não iremos atingir nossos objetivos.

Então, faz-se necessário primeiro compreender seus próprios valores, antes de determinar aqueles que querem ensinar a seus filhos.

Perguntem a si próprios quais são realmente seus valores e o que levam em consideração ao fazer suas escolhas. O que é realmente importante? Sejam sinceros na busca dessas respostas e lembrem-se do provérbio que diz: "Explore seu próprio coração, com toda a diligência, pois dele sairão as respostas para a vida". Aproveitem o momento que estiverem vivendo, usem o calor das próprias emoções que o momento atual proporciona como molas para chegar a algo que realmente seja importante.

E, como não atribuímos a todos os nossos valores a mesma importância, na hora de selecionar seus próprios valores, façam uma lista deles, respeitando a hierarquia que vocês lhes atribuem, dos mais valiosos aos de menor valor. Pensem sobre as razões que contribuíram para essas escolhas. No final, esse exercício fornecerá a maioria dos valores que desejam ensinar a seus filhos. Reflitam sobre eles, compartilhem essa atividade, tendo sempre em mente que essa lista deve conter seus valores reais, e não os que vocês gostariam de ter. Reflitam sobre as pequenas decisões diárias e sobre os motivos que levaram vocês a tomar determinada atitude, sem esconder quando não os seguiram. Reconheçam isso e reconsiderem a atitude, e assim será mais fácil para as crianças também reconsiderarem as delas e aprenderem com isso.

Contribuir para a "formação moral" de uma criança, fornecendo-lhe um sistema de valores, é mais do que capacitá-la a discernir entre o certo e o errado, é fornecer um padrão de moral único e seguro, para que a criança, diante das diversas situações, saiba como proceder sem depender de sua opinião pessoal.

Uma vez definidos, os valores só poderão ser ensinados de forma eficaz quando eles estão vinculados a experiências. E, antes de tudo, busquem sempre *consistência* em suas ações e personalidade, a fim de criar um vínculo de credibilidade entre os filhos e vocês.

A maneira mais fácil de ensinar esses valores a nossos filhos e fazer com que eles os internalizem é tornar esse aprendizado interativo. Aproveitar os comportamentos de seu filho que refletem os valores que vocês acreditam contribui para uma boa formação dele. Assim, por exemplo, a criança terminou de brincar e, sem ser mandada, guardou todos os brinquedos na prateleira. A esse comportamento podem ser atribuídos vários valores, como: responsabilidade, organização, respeito. Vamos usar "responsabilidade". A afirmação poderia ser: "O fato de você terminar de brincar e guardar todos os brinquedos sem ser mandado mostra que você está crescendo e se tornando uma criança muito responsável. Gosto disso e fico feliz. E você?". Quando fazem essa conexão, estão alertando o filho para algo em que ele não havia pensado, criando um efeito surpresa que aumenta sua resposta emocional.

Sejam também um bom exemplo. Mostrem o comportamento desejável para seu filho em suas próprias ações, e façam isso desde cedo, para criar na criança a capacidade para traços saudáveis. E não deixem de reforçar: "é assim que agimos em nossa casa".

Desse modo, quando as virtudes viram hábitos, eles nos dão condições de desenvolver esses valores desde cedo, ainda que as crianças não entendam muito bem a razão deles. Inicialmente se deve insistir muito para que as crianças *façam* coisas. Gradualmente, essas ações se traduzirão em hábitos que, com o tempo, irão sendo incorporados em todo o ser da criança. Escute e converse sobre os valores com ela, sem impor suas idéias e, aos poucos, vá exigindo mais que ela pense sobre esses valores e, posteriormente, possa tomar as próprias decisões.

Boas atitudes e bons exemplos repetidos viram hábitos que originam valores importantes, como bom caráter e boa índole.

Estejam certos de que os primeiros valores bem construídos servirão para uma boa reflexão mais tarde, uma vez que os fundamentos do raciocínio moral são estabelecidos nos anos pré-escolares. Suponhamos que um grupo de crianças esteja planejando desenhar no quadro-negro da sala de aula a caricatura de um dos colegas de classe, reforçando o fato de esse aluno ser "gordinho". Algumas dessas crianças imaginam como se divertirão com essa situação e crêem ter direito a ela. Mas a criança que teve uma ligação forte na primeira infância com uma pessoa significativa (pai, mãe, babá etc.) e aprendeu a se cuidar, foi cuidada e com isso também desenvolveu a satisfação de amar e cuidar dos outros, por certo se sentirá desconfortável com a proposta do desenho. Essa criança consegue imaginar como se sentiria se fizessem o mesmo com ela. Vai lembrar-se de que seus pais a amam e confiam nela. Assim se preocupa em não desapontá-los com esse comportamento. Essa criança revela empatia e sensibilidade. É capaz de se colocar no lugar dos outros e imaginar como se sentiriam. Percebe, mesmo antes de agir, que seu comportamento afetará o bem-estar de uma outra pessoa e decide, então, ser contra o desenho.

O efeito é duradouro quando vinculamos o valor que queremos transmitir a nossos filhos as experiências que eles podem vivenciar.

5

Autoconfiança

Fonte da segurança

Capítulo 5

A aquisição de autoconfiança pelas crianças não começa somente a partir dos três ou quatro anos de idade, e sim desde bem mais cedo, se a mentalidade dos pais for a de querer que seus filhos se desenvolvam plenamente, sintam-se seguros de si mesmos e, conseqüentemente, cresçam enfrentando os desafios de acordo com a idade que têm.

Um bebê precisa e solicita ser assistido na satisfação de suas necessidades – alimentação, higiene, bom sono. Essa é uma realidade evidente que ninguém ignora. A maioria dos adultos sabe o que é necessário fazer para que um bebê sobreviva. Mas se nós quisermos que aquela criaturinha cresça como ser humano, é necessário que a mãe ou o educador forneça ao bebê cuidados básicos acompanhados de carinho e *palavras* que designam cada uma das ações que são levadas a ele ou para ele: "Eu o levarei a seu berço... Vamos acender a luz... Você está sujo, eu mudarei suas roupas... Não fique bravo, nós já terminamos...". Desse modo, cada experiência será ligada a certas frases, *significados*, sensações e sentimentos. Assim, as necessidades afetivas e as relações das crianças com as pessoas que a cercam, além da oportunidade de acesso a conhecimentos variados, estarão desde cedo construindo e sedimentando valores para o futuro.

Essas palavras que designam ações devem ser dirigidas em particular àquele bebê; as crianças reconhecem o próprio nome, mesmo precocemente: "Guilherme está com fome... Bom dia, Guilherme, você dormiu bem?".

O menino escuta, observa e registra que essas palavras e esses movimentos que se referem a ele são a "semente" da construção do "eu mesmo" (mais tarde será "eu").

A tendência natural de falar na primeira pessoa do plural: "nós tomaremos um banho... nós levaremos o remédio...", deve desaparecer a partir dos seis meses, deixando lugar para o "eu; a mãe; o pai; você; o Guilherme...". Importante é nomear cada pessoa que é apresentada ao bebê: "É o Matheus, seu tio. A Liliam, minha amiga", já plantando a "semente" da realidade objetiva, isto é, daquilo que está fora dele.

Fomentada desde o nascimento, a autoconfiança infantil tem suas raízes nas primeiras impressões de um bebê, ainda que essa seja egocêntrica. O cultivo de raízes saudáveis proporciona ao bebê um ambiente que lhe transmita segurança, calma, alegria. Pois é através do modo como são cuidados que os bebês aprendem sobre quem são.

Se os pais, de maneira adequada e contínua, aconchegam o bebê no colo, acariciam-no, proporcionando-lhe um ambiente sereno e sem tensão, e quando ele chora, ajudam-no a se sentir melhor, ele aprende que as mensagens têm sentido. Assim, à medida que vai formando a noção de que é uma pessoa distinta e separada do resto do mundo, igualmente ele vai formando idéias sobre seu valor: "Quando eu choro ou emito sons, alguém me ouve, me aconchega no colo, me alimenta, me troca. Eu tenho valor".

Essa intervenção educativa junto aos bebês é importantíssima para o aproveitamento da fase de desenvolvimento acelerado em que se encontram. O bebê, bem estimulado desde o nascimento, desenvolve melhor suas capacidades de apropriação e conhecimento de suas potencialidades corporais, estéticas, emocionais, afetivas e éticas.

Como as crianças se vêem pelos olhos dos adultos em quem confiam, as oportunidades de criar momentos positivos e significativos com elas não podem ser perdidas, pois, de acordo com a maturidade de seu filho, diversas atividades e "brincadeiras" podem ser planejadas para a educação e o desenvolvimento da autoconfiança dele. *Isso porque nos cabe ajudar essas crianças a acreditar nelas próprias e a adquirirem sentimentos positivos a respeito de si mesmas.*

Por exemplo, no momento das trocas de fralda, o adulto pode conversar com os mais novos, chamando a atenção para algum elemento do ambiente, um objeto, um som, um movimento, uma brincadeira, mostrando-se sempre atento às crianças e respondendo a suas reações. Com bebês um pouco mais velhos, além dessa comunicação, já podem ser incorporadas narrativas de histórias com ou sem o apoio de livros, de gravuras, com a utilização de bonecos ou fantoches sobre o tema, além de atividades com músicas ritmadas e acompanhamento de palmas. Aos bebês que já se mantêm sentados, devem ser propiciadas brincadeiras de empilhar e encaixar, empurrar e puxar objetos. Observar e comentar características de animais ou de objetos também constitui uma atividade bastante enriquecedora. Um dos subprodutos desse crescimento psicossocial é que as crianças em idade pré-escolar adquirem auto-estima, o primeiro sentimento sobre seu próprio valor.

Nada melhor do que um tom de voz agradável e calmo dos pais, dizendo palavras como "gosto de você" ou ainda lhe contando histórias. Reservar um tempo para brincar com o filho é contribuir para que ele se sinta amado, aceito, valorizado, respeitado e autoconfiante.

À medida que as crianças forem amadurecendo, peçam a opinião de seu filho, escute-o atentamente. Abram espaço para um bate-papo que o leve a refletir sobre suas opiniões. Em um jogo em que todos estejam se divertindo, não percam a oportunidade de estimular seu filho a dirigir a brincadeira. Ensinem que não se deve rir das pessoas, colocar apelidos nelas ou zombar de seus erros. Algum dia ele passará por situação semelhante. Lembre-o do que disseram a ele anteriormente e chamem a atenção do(s) outro(s) também. Isso irá ajudá-lo a respeitar as pessoas e a sentir-se respeitado.

É importante ajudar seu filho a se conhecer em todos os seus aspectos, a perceber e desenvolver seus interesses e talentos próprios. Não exijam dele uma habilidade que é a que gostariam que ele tivesse. Não transfiram seus sonhos para sua criança; ao contrário o valorizem e o auxiliem a desenvolver suas próprias aptidões, respeitando suas capacidades. Pois o valor da auto-estima de um filho não deve ser diretamente proporcional a seu desempenho, como uma fórmula matemática.

Ninguém acerta o tempo todo. Portanto, não fiquem lamentando-se sobre os "furos" cometidos anteriormente com seu filho. Ao contrário, invistam tempo e direcionem a atenção de vocês para atitudes que o ajudem a "arrumar" e a construir a auto-estima de seu filho adequadamente. As crianças são flexíveis e compreensíveis, e percebem quando estamos tentando fazer ou refazer o melhor que podemos ou conseguimos. O importante é sempre ter em mente que a construção da auto-estima elevada é um investimento a longo prazo, em que o saldo de atribuições positivas e adequadas da auto-imagem de seu filho é o que deve predominar.

É o resultado da sedimentação de uma construção positiva que faz que acreditemos em nossa própria pessoa e nos forneça a capacidade e a coragem para reduzir gradativamente nossa dependência e elevar nossa própria autoconfiança.

6

Aprendizado é tarefa diária

Capítulo 6

É na própria capacidade para ensinar o que é importante para um filho que cultivamos nele as possibilidades para receber, processar e assimilar os ensinamentos.

Piaget determinou quatro estágios no desenvolvimento da capacidade de raciocínio e aprendizagem do indivíduo, que se sucedem e se interagem até o início de sua adolescência e correspondem a sucessivas fases de seu crescimento físico. Esses estágios de descoberta, de aprendizagem e desenvolvimento ajudam a entender, responder e ilustrar melhor as questões como: O que os pais podem fazer para desenvolver uma boa base e criar capacidades? Como é o processo de aprendizagem infantil?

O bebê brinca com o corpo, executa movimentos como estender e recolher os braços, os dedos, os músculos. Quando menos se espera, *nhac*! O anjinho ainda está mamando e já ataca o peito sem piedade, com uma mordida daquelas, explorando, experimentando o uso e a força de seus primeiros dentinhos. Todos esses são bons exemplos da primeira fase que Piaget denominou de *Fase sensório-motora* e que corresponde aos dois primeiros anos de vida da criança. Nessa fase, o comportamento é mais empírico. A criança está aberta para o mundo "estranho" a sua volta; ela o explora, degusta, dobra, quebra, ergue, toca. *A criança aprende pela experiência*, examinando e experimentando com os objetos a seu alcance, somando conhecimentos. Nessa fase ela necessita do adulto por inteiro. Dele dependerão seu crescimento e sua relação social. *Aproveitem para brincar com seu bebê*. Ao brincar, impressões verdadeiras incorporam-se ao cérebro, por meio dos sentidos (ouvir, pegar, ver, sugar), e irão aflorar no desenvolvimento cognitivo.

O meio ambiente precisa estimular tanto a atividade mental como a emocional, pois é isso que faz crescer a delicada rede de conexões.

A primeira infância é, sem dúvida, riquíssima e deve ser estimulada de todos os modos possíveis. A perda desse período pode ser irreparável. Falar, contar histórias, conversar, brincar, correr, montar a cavalo, ler para os filhos, possibilitar estimulações variadas, *participar* são atitudes que educam a criança, levando-a a desenvolver uma mente ativa, um corpo saudável e um estado emocional de equilíbrio. Ainda que bem pequena, ela consegue distinguir um ambiente afetuoso e estimulante de um ambiente e tratamento hostil apresentado pelo adulto. É exatamente esse contato afetuoso e estimulante do adulto com a criança que caracteriza o primeiro sinal da educação lúdica.

Os pais são os guias dos filhos e eles, em sua maioria, dependem dos pais para se tornarem pessoas de sucesso, vencedores, sem medos e, principalmente, com um amor próprio elevado.

Em um segundo momento, que vai dos dois aos sete anos de idade, e que Piaget chamou de *Pré-operacional*, a criança continua experimentando, fazendo descobertas. Ela é *curiosa*, quer compreender as coisas, descobrir seu funcionamento, desenvolver habilidades e obter controle sobre si mesma e seu ambiente, *além de fazer tudo o que vê os outros fazerem.*

A criança passa a exercitar mais intencionalmente os movimentos motores, utilizando para isso as mãos. Adora rasgar, desembrulhar balas, pegar no lápis, mexer com as coisas, tirar ou colocar sua roupa com ajuda, encaixar objetos nos lugares, montar e desmontar coisas, falar em frases, brincar com outras crianças. Já pede para ir ao banheiro e, como se pode perceber, vai dando aos exercícios uma intenção inteligente, com a evolução natural de sua coordenação.

Tabela: Dicas de brinquedos

Idade	Brinquedos
0 – 6 meses:	**Os que estimulam o desenvolvimento sensório-motor** • Móbile (visão). • Boneco ou animal musical (coordenação, visão, audição). • CDs (música infantil e clássica). • Objetos coloridos para colocar no berço ou no carrinho (pegar e sugar). • Chocalhos. • Mordedores.
6 – 12 meses:	**Os que causem reações intencionais** • Blocos para montar e desmontar. • Bola. • Brinquedos de plásticos para colocar na banheira. • Móbile. • Boneco musical.

- Música infantil e clássica.
- Objetos coloridos para colocar no berço ou no carrinho.
- Chocalhos.
- Mordedores.

1 a 2 anos: **Continuação do desenvolvimento sensório-motor e da linguagem**

- Vídeo de histórias.
- Piano.
- Tambor.
- Cubos de encaixe.
- Livros.

Capítulo 6

E à medida que cresce, a criança vai experimentando e desenvolvendo possibilidades de lidar com situações novas e com tudo o que lhe é oferecido e que está a seu redor. Come com o garfo, veste-se sozinha, vai ao banheiro sozinha e sabe cuidar-se, penteia o cabelo, distrai-se sozinha, inicia suas próprias brincadeiras, representa para os outros, participa de jogos competitivos, escreve palavras simples com letra de forma. E, gradualmente, os jogos e as brincadeiras vão ultrapassando a ação de gratuidade e de simples recordação de impressões observadas e vividas (imitação), e passam para uma reelaboração criativa. Nesse processo, os dados da experiência de construir uma nova realidade se combinam e, mais do que isso, correspondem à curiosidade e à necessidade. Por isso, a criança adora ouvir histórias, brincar de esconde-esconde, adivinhações e contar suas próprias histórias.

Crianças não temem reconhecer sua ignorância nem cometer erros.

Para descobrir como a realidade atua, a criança atua sobre a realidade. Ela é audaciosa, não tem medo de errar, é paciente. Pode tolerar um grau incrível de dúvidas, confusão, ignorância e suspense. Atividades como adivinhações, descobertas, exercícios físicos, histórias, teatros e tudo o mais que possa reforçar suas estruturas e alargar seus horizontes são sempre bem-vindos e indispensáveis para seu desenvolvimento.

Piaget afirma que é muito difícil ensinar a uma criança as operações; ela as elabora por si, por meio de suas próprias ações. Jogando, brincando, chega a assimilar as realidades intelectivas, o que de outro modo seria impossível acontecer.

É importante relembrar que nessa fase todos os jogos de que as crianças participam, inventam, ou pelos quais se interessam, constituem verdadeiros estímulos que enriquecem os *esquemas perceptivos* (visuais, auditivos e cinestésicos) e *os esquemas operativos* (memória, imaginação, lateralidade, representação, análise, síntese, causa, efeito). E, quando combinados com as estimulações psicomotoras (coordenação fina), definem alguns aspectos básicos que dão condições para o domínio da *leitura* e da *escrita*.

A criança aprende muito mais depressa quando pode dar nome às coisas, quando aprende a conversar sobre as situações e quando a linguagem verbal e escrita a seu redor é mais rica.

Nessa fase ela se reúne com outras crianças para brincar, mas ainda age sem observar regras. No jogo, todas ganham e todas perdem. Não consegue ainda coordenar seus esforços com os dos companheiros, mas sente a necessidade de estar junto com os outros.

Através do faz-de-conta, a criança aprende também a entender o ponto de vista de outra pessoa, desenvolve habilidades na solução de problemas sociais e se torna mais criativa, acelerando seu desenvolvimento intelectual. Essa etapa é fundamental no desenvolvimento infantil, pois é através dela que a criança tenta elaborar seus conflitos e organizar simbolicamente o mundo real.

Até os seis ou sete anos, aproximadamente, a criança define praticamente grande parte de seu desenvolvimento físico, mental e afetivo (equilíbrio emocional e social). A participação e a postura dos adultos (pais e professores) são importantíssimas. Nessa fase, adora movimentar-se. *Adora ajudar os pais e participar de pequenas tarefas, e isso não deveria ser descartado com a justificativa de que atrapalha.* Ela adora ouvir histórias, desenhar, "escrever" e brincar com brinquedos que possa operar, montar e desmontar. *Por isso, não deveria ficar sentada diante da TV ou ter brinquedos em que não possa tocar por medo de quebrá-los.*

É importante que o adulto compreenda também que o excesso de atividade "imposta" nessa fase faz a criança se sentir escrava, pode deprimi-la e levá-la a perder o gosto e a paixão pelas coisas. A família e até mesmo a escola devem proporcionar um ambiente rico em informações que possam estimular a criança a assimilar somente aquilo que é capaz de fazer naturalmente e com prazer.

Por volta dos sete anos de idade, o pensamento lógico, objetivo, adquire preponderância. E as ações interiorizadas vão-se tornando cada vez mais reversíveis e, portanto, móveis e flexíveis. O *pensamento se torna menos egocêntrico*. Agora a criança é capaz de construir um conhecimento mais compatível com o mundo que a rodeia. O real e o fantástico não mais se misturarão em sua percepção. Nesse período de desenvolvimento, o pensamento operatório é denominado *concreto*, pois, apesar de não se limitar a uma representação imediata, a criança só consegue pensar corretamente se os exemplos ou os materiais que ela utiliza, para apoiar seu pensamento, existem mesmo e podem ser observados. Pode então ordenar, seriar, classificar.

Proponham, então, atividades a fim de que as crianças possam experimentar e utilizar recursos para expressar seus desejos, sentimentos e idéias. Animem a aprendizagem e a responsabilidade na idade pré-escolar, estimulando-as a pensarem por si mesmas.

Levem seu filho à biblioteca e leiam regularmente para ele. Assistam a programas educativos juntos e falem sobre eles. Sejam um modelo a ser seguido, um que lê, acha a aprendizagem emocionante, gosta de resolver problemas e tentar coisas novas. Peçam a seu filho em idade pré-escolar para que os ajude com os afazeres (por exemplo, limpar a mesa ou guardar a roupa limpa). Dessa forma, dá-se oportunidade às crianças de ampliarem sua auto-estima, de valorizarem ações de cooperação e solidariedade, de adquirirem hábitos de autocuidado e de aprenderem a respeitar regras básicas de convívio social.

Já a partir dos treze anos de idade – *fase operatório-formal* – a criança não se limita mais à representação imediata nem somente às relações previamente existentes. Ela já é capaz de pensar em todas as relações possíveis logicamente, buscando soluções não só pela observação da realidade como também a partir de hipóteses. Em outras palavras, as estruturas cognitivas da criança alcançam seu nível mais elevado de desenvolvimento e as tornam aptas a aplicar o raciocínio lógico a todas as classes de problemas. Por exemplo, se lhe pedem para analisar um provérbio como "água mole em pedra dura, tanto bate até que fura", a criança trabalha com a lógica da idéia (metáfora) e não mais com a imagem de uma goteira pingando sobre uma pedra.

Esses estágios possuem um caráter *integrativo*. As estruturas construídas em um nível são integradas nas estruturas do nível seguinte. Por exemplo, um "esquema de reunião" para condutas como a de um bebê que empilha toquinhos permanece na criança mais velha que ajunta objetos procurando classificá-los e mesmo em operações lógicas, tais como a reunião de duas classes (os pais mais as mães = todos os pais etc.).

Não obstante, Piaget reconhece que, a despeito de preponderar em determinadas faixas etárias uma forma específica de pensar e atuar sobre o mundo, podem existir *atrasos ou avanços "individuais"* em relação à norma do grupo. Essa variação pode ser devida, em grande parte, à natureza do ambiente em que as crianças vivem. *Contextos que colocam desafios às crianças são potencialmente mais estimulantes para o desenvolvimento cognitivo.*

As diferentes etapas cognitivas apresentam, portanto, características próprias. Cada uma delas constitui determinado tipo de equilíbrio. Ao longo do desenvolvimento mental, passa-se de uma para outra etapa, buscando um novo e mais completo equilíbrio, que depende, entretanto, das construções passadas.

É aí que ressaltamos a importância do trabalho e da disponibilidade da família em compartilhar com a criança suas descobertas.

Permissão para crescer

Quantas vezes ouço em meu consultório pessoas manifestarem seu sentimento de amor agregado a um zelo excessivo para com seu filho. E é este, talvez, o ponto mais relevante. Não importa o quanto a criança é ensinada, a aprendizagem não será efetiva se não lhe for transmitida a "permissão" para "ser" ela mesma, para cometer um erro, para ir e retornar, para fazer e desfazer quantas vezes for necessário. É necessário estarmos preparados para termos um filho autônomo que, diariamente, dependerá menos de nós, mas que nem por isso deixará de participar de nossas vidas, como um ser único, pleno e *autoconfiante.*

7

Responsabilidade e Autodisciplina

Criando capacidades

Capítulo 7

Estimular a autonomia é dar condições para que as crianças possam, de acordo com seus recursos, orientar suas ações por si mesmas, aumentando suas responsabilidades aos poucos.

Todos acreditam saber do que exatamente se fala quando se faz referência à expressão "autonomia infantil". Na maioria das vezes, porém, adultos conhecem e treinam com os filhos, sem saber seus *efeitos,* como: serem capazes de dormir sozinhos, ir ao banheiro, buscar o que desejam, o que, com o tempo, os torna responsáveis por suas tarefas e assim por diante.

De difícil compreensão é a *estrada* que leva à aquisição da autonomia.

E, para que esse objetivo seja alcançado, é necessário que os pais ensinem a seu filho a noção de responsabilidade, que deve ter início dentro do próprio lar. Toda criança precisa aprender a se controlar, tão logo possa compreender o sentido da palavra "controlar", e que ela também tem tarefas a realizar.

Erikson, em seus estudos de como se dá a relação do amadurecimento cognitivo humano com o ambiente social, ajuda-nos a definir melhor esse caminho de desenvolvimento, lembrando que essas etapas são aproximações, e não se trata de estabelecer idades rígidas e fixas que limitariam as várias etapas de desenvolvimento ao longo da vida.

Capítulo 7

Confiança x Desconfiança no ambiente (0-1 ano)

Segundo Erikson, a qualidade e o nível da consistência do cuidado recebido pela criança permitem que ela sinta confiança (ou desconfiança) no ambiente e uma primeira apreciação de que as pessoas responderão a suas necessidades e expectativas.

Os sinais comportamentais de que a criança está adquirindo essa confiança aparece na facilidade com que ela se alimenta, na profundidade de seu sono, na tranqüilidade da alimentação, na facilidade de seu sorriso e no deixar a mãe se afastar sem mostrar uma ansiedade intensa ou uma raiva muito acentuada. Ela deixa a mãe ir embora ou sair de perto porque seu retorno é confiável e seguro. Nesse sentido, a colocação de uma rotina frente às primeiras experiências da criança é fundamental no processo de desenvolvimento da segurança.

Autonomia x Vergonha e Dúvida (1-3 anos)

Nesta fase, a criança luta para dominar e controlar o ambiente.

Começa a se ver como separada dos pais, ainda que dependente deles, e o esforço é obter autonomia sem perder a auto-estima.

Precisa de protetores firmes, que saibam discriminar quando ela pode ir ou quando deve ser segurada.

A falha em dominar essas tarefas ou a punição decorrente a leva à vergonha ou à dúvida sobre si mesma e sobre suas capacidades (sentimento de ser "má" ou "suja").

Iniciativa x Culpa (3-5 anos)

A criança, neste estágio, está envolvida em entender, planejar e realizar tarefas.

Um senso de moralidade primitivo é manifestado com a sensação de culpa

(superego) diante dos atos impulsivos. Esse é o tempo das rivalidades com os irmãos e o complexo de castração.
Uma disciplina por demais restrita e a conseqüente internalização de normas muito rígidas podem interferir na espontaneidade da criança diante da realidade e levá-la à culpa excessiva.

Indústria x Inferioridade (5-12 anos)

O domínio das tarefas escolares e a contenção dos impulsos do período anterior para adaptar-se às leis do ambiente são os objetivos desse período.
Há reconhecimento por se produzir coisas.
O domínio desse estágio pode ser inferido se a criança sente-se adequada em relação a suas habilidades pessoais, competência ou status entre os colegas.
O que mais atrapalha nessa fase, esse sentido de dever e realização, seria o desajustamento na escola, a competição excessiva, as limitações pessoais e outras condições que levam à experiência de fracassos, resultando em sentimentos de inferioridade.

Identidade pessoal x Confusão de papéis (12-18 anos)

Formação e consolidação da identidade egóica, ou seja, como:

- alguém separado dos outros;
- tendo um sentido de coerência própria;
- e uma autopercepção estável ao longo do tempo, isto é, perceber-se hoje como semelhante a ontem e com aquele que será amanhã.

Além do crescimento da identidade sexual, procura por um objeto amoroso e também por uma identidade profissional e ocupacional.
Há muita preocupação com o como aparece aos olhos dos outros e o como se vê.
O sentimento de ser diferente pode levar a uma confusão de papéis sexuais, sociais e culturais.

Não há nenhuma idade predeterminada para que a criança faça suas próprias coisas. A idade cronológica das crianças difere de sua idade psicológica, e é dever dos pais diferenciar etapas e se preocupar com o *desenvolvimento completo da criança.*

Nesse processo os pais devem ter muita paciência e planejar as coisas de tal modo que as crianças vão aprendendo lentamente e sem pressões. Comecem elogiando o filho ao terminar uma atividade que ele começou. Não deixem a atividade de trocar o uniforme, por exemplo, para o último minuto. Ao contrário, reservem para essa atividade tempo de sobra, pois assim a criança poderá gastar o tempo que lhe for necessário enquanto ela está aprendendo, sem correrias e sem antecipações.

Dêem exemplos diários de autodisciplina, de bons comportamentos, de responsabilidade. Com o tempo e com naturalidade, a criança acabará aprendendo a se comportar de acordo com os valores morais da própria família, e seu comportamento será um reflexo do que vive e é valorizado todo dia dentro de sua própria casa. Mostrem a ela que normalmente os adultos se comportam de acordo com "regras" e precisam, muitas vezes, dosar as próprias necessidades com as das pessoas a nossa volta.

Como?

Aqui, como sempre, tudo depende do que fazemos, e não do que dizemos. Um pai que se respeita e está seguro de si não se sentirá ameaçado em sua autoridade e aceitará que seu filho, por vezes, mostre falta de respeito e responsabilidade, sobretudo como as crianças pequenas tendem ocasionalmente a fazer. Ele sabe que, se isso acontece, é devido à imaturidade do julgamento e que o tempo e a experiência corrigirão. Um pai que grita por respeito apenas revela sua insegurança por não saber que isso lhe será dado naturalmente. Um pai inseguro é suficiente para a criança se transformar num adulto inseguro e imaturo.

(Pryzant)

– Esteja disponível sempre que seu filho estiver interessado em falar sobre qualquer assunto de seu interesse.

– Proporcione experiências e oportunidades que estimulem a sede de instrução e compreensão.

– Estimule os jogos que ajudam seu filho a pensar.

– Arranje várias saídas sociais como a escola, os esportes coletivos, os parques infantis, os clubes e grupos para a criança.

– Pedir à criança que pense sobre seu próprio comportamento é muitas vezes útil.

– Quando o castigo for inevitável, calmamente inclua explicações e limite-se à situação em que as "regras" foram quebradas. Essa atitude dará margem a um diálogo e essa aproximação positiva fará com que mais facilmente ela ouça com boa vontade, ainda que tenha de renunciar a alguma coisa que gostaria muito de fazer.

– Manifeste interesse pelos livros que ela está lendo.

– Ensine a criança por meio de conseqüências, mostrando a ela o que fazer e o que esperar.

– Insista no desenvolvimento de hábitos.

– *O dever de casa é um excelente instrumento para ensinar seu filho como trabalhar por conta própria. Comece observando e fazendo comentários positivos sobre os trabalhos que seu filho traz para casa. Ajude-o a lidar com os desafios que surgem, de modo a sentir confiança, tanto quando está sozinho como quando está com outras pessoas.*

– Não se torne responsável pelo dever de casa. *Não crie o costume de perguntar todos os dias se tem lição de casa, de passar todas as manhãs o ajudando nos deveres. Se fizer o dever de casa de seu filho, ele terá menos confiança em si mesmo. Confie mais na educação que tem dado a seu filho. Ajude-o apenas quando ele pedir ajuda em um exercício específico, explicando a pergunta, mas sem dar a resposta.*

Desafios, desapontamentos e vitórias fazem parte do processo de crescimento e aquisição de responsabilidade.

– Seu filho deve sentir-se responsável pelo êxito e pelos fracassos na escola. Os pais que se sentem responsáveis pelo aproveitamento escolar de seu filho abrem a porta para que este passe a responsabilidade disso para os pais.

– Não critique seu filho quando for chamar-lhe a atenção. Evite frases como: "Você está surdo... Eu disse para não mexer aí mais de mil vezes...". Provavelmente o que acontece é que a criança começa a pensar que não sabe fazer nada certo, que é um fracasso e assim vai destruindo sua auto-estima.

> Há um mundo de diferença entre adquirir "disciplina" por identificação com aqueles que se admira e tê-la imposta autoritariamente ou, algumas vezes, até dolorosamente. A identificação é o resultado de amar e admirar os pais, e não de ser castigado por eles.
>
> *(Pryzant).*

8

Escolhas e Conseqüências

Aprendendo a fazer escolhas sábias

Capítulo 8

Como os adultos, as crianças precisam experimentar as conseqüências de suas escolhas e ações para aprender a partir delas, principalmente no início de sua infância, quando a criança carrega a avidez pelo novo, movida por sua energia vital. E, desde então, *dentro de um limite que lhe garanta a integridade física e moral*, permitir que a criança explore, caia, levante por si só, fracasse e conquiste novos horizontes depois de várias tentativas é sinônimo de permitir que ela aprenda lições, com maior êxito, a partir de experiências próprias.

É a partir dos pequenos erros que se aprendem e se experimentam as conseqüências naturais das escolhas. Por exemplo, é natural que a criança que está "enrolando" para terminar o dever de casa fique impedida de brincar com os amigos até que ela termine. Mas há pais que ficam de coração partido ao ouvir as lamentações e os argumentos emocionais da criança e acabam cedendo. E a atividade escolar, claro, é deixada de lado. Nesse exemplo, os pais não só desperdiçaram uma oportunidade para ensinar à criança lições de responsabilidade, como também esqueceram que essa contínua satisfação imediata dos desejos dela pode terminar em um fracasso bem maior no futuro.

Pais superprotetores criam crianças inexperientes e que não aprendem a pensar sobre as conseqüências de suas ações. E o que não é pensado não se conhece. E o que não se conhece dá medo e insegurança e vai afastando do objetivo: o de incutir nos filhos autoconfiança e autonomia dentro de suas possibilidades.

Mas não se está falando de modelar o comportamento das crianças por meio de adestramento, e sim através de lições formadoras de hábitos e de condutas. Essa formação de hábitos são ferramentas auxiliares nesse processo de aprendizagem e nunca uma cadeia que entrave à livre expressão infantil.

Não resolvam sempre os problemas do filho. Dêem-lhe o tempo que necessita. Uma boa decisão não é tomada apressadamente. E a criança é capaz de encontrar uma maneira construtiva de resolver seus problemas por si mesma quando lhe é fornecido, ainda que no início, um auxílio que seja apenas o suficiente para deslanchar no processo de resolução de seu problema.

A compreensão do que significam as palavrinhas mágicas "você deve pensar nas conseqüências" vai sendo construída à luz das experiências infantis, em diferentes espaços e situações.

Não esperem que o filho sempre aprenda que "para toda ação há uma reação" ou que "para cada escolha há uma conseqüência" logo das primeiras vezes. Trata-se de um processo de aprendizagem, e as crianças são diferentes umas das outras e diferentes dos próprios pais. Evitem comparações do tipo: "Quando eu tinha sua idade eu era mais responsável ou (eu) já sabia...". Esse sermão moral, herança dos pais, não funcionou com vocês quando crianças e não vai funcionar agora. As comparações acabam por reduzir a auto-estima e estimulam os sentimentos de inadequação.

Segurança = Crescimento

Dêem preferência por uma relação que abra espaço para uma boa conversa e que seja propícia a ensinar as crianças, ainda que pequenas, a tomar decisões, fazer escolhas e a se sentirem seguras consigo mesmas.

Como?

Mesmo muito nova, a criança, através de suas expressões corporais, é capaz de estabelecer uma comunicação com os pais. Respondam a essa linguagem precoce com carinho e com atenção. Assim estarão indicando para o bebê que ele já tem certo controle sobre o que acontece com ele.

Como pais, vocês podem ajudar os filhos a fazer suas escolhas à medida que eles se desenvolvem e a partir de decisões simples e diárias, como: *a escolha da cor da meia; se vai querer fruta ou gelatina; se prefere jogos ou um filme; se a arrumação do quarto vai ser feita agora ou depois do lanche,* até que amadureçam e já sejam capazes de tomar decisões mais importantes e assumirem tudo o que isso implica.

É mais fácil confiar na própria capacidade de fazer escolhas, se você tiver, na infância, a confiança dos outros.

Obviamente, crianças pequenas não podem fazer a escolha de tudo. *Para tudo há um limite*. Mas têm o direito de tentar entender e escutar as razões que levaram os pais a optar por alguma decisão. E isso é estimulante e esclarecedor. Estimulante, pois encoraja as crianças, assim como seus pais, a raciocinar sobre as coisas que fazem. E esclarecedor por ajudar a criança a compreender que, antes de uma decisão ser tomada, deve-se refletir sobre ela.

O simples fato de praticar o ato de fazer escolhas hoje significa que amanhã, com o acúmulo de experiências, será mais fácil tomar uma decisão quando os riscos forem maiores.

Um ingrediente adicional é ensinar as crianças a examinar seus próprios comportamentos e como suas escolhas podem afetar não só a elas próprias, como também aos outros: "Como se sentiria se isso acontecesse com você? Você consegue pensar por que seu coleguinha agiu assim?".

Ajudem os filhos a pensar nas possíveis soluções para um problema que estejam enfrentando. Forneçam-lhes exemplos, diferentes opções. Contribuam para que as crianças conheçam com clareza os limites precisos e o alcance de suas ações, de seus deveres e de seus direitos.

Uma grande verdade que não pode ser esquecida é que os seres humanos não são perfeitos e todos cometem erros. Logo, as frustrações sofridas nesse processo não devem ser encaradas como um caos total. Não percam tempo tentando camuflar a tristeza que seu filho venha a sentir. Sábio é ajudá-lo a compreender o motivo da tristeza, e como nos diz Posternak: "Tristeza não mata, até nos ensina!"

Capítulo 8

Não somente uma conversa, mas também uma atitude solidária e afetuosa são maneiras de dizer ao filho que vocês o amam, mesmo que fracasse, e que estão sempre disponíveis para ajudá-lo a se refazer e recomeçar!

9

A Educação Sexual é um Processo de Vida Inteira

Capítulo 9

Aproximadamente, até os dois anos de idade, os lábios, a boca e a língua são os principais órgãos de prazer do bebê. O bebê deseja ser atendido prontamente, não somente em suas necessidades fisiológicas, como também nas necessidades psicológicas. E se, principalmente, a mamãe consegue atender a maioria das necessidades de seu bebê, ele acaba por estabelecer uma atitude de confiança com ela. E essa atitude se refletirá para o mundo e para as outras pessoas.

Uma relação em que se reage naturalmente a qualquer manipulação genital desde o início faz com que a criança aceite a sexualidade como parte da vida humana.

Mas se esse processo se estabelece ao contrário, o bebê desenvolverá um sentimento de desconfiança que se projetará para as outras pessoas na vida adulta.

Então, reajam naturalmente a qualquer manipulação genital. Ensinem o uso adequado de todas as partes do corpo, de modo que o bebê conheça e explore seu corpinho saudavelmente.

Lembrem-se também de que sexualidade necessita de privacidade.

Estarão ajudando o bebê a formar uma representação interna (de si próprio) confiável. Conseqüentemente, a construção de seus esquemas de ação para assimilação do meio será mais inteligente.

Do nascimento até um ano e meio (18 meses)

Desenvolvimento afetivo e social

Vínculo mãe-bebê

O vínculo mãe-bebê (relação de apego) é extremamente importante neste início da vida. A criança aprende através dele se o mundo é um lugar bom e agradável para viver ou uma fonte de dor, frustração e incerteza.

A criança "sinaliza" ao ambiente como ela está, através de alguns comportamentos, como o choro, o sorriso, a vocalização, o olhar, cada um deles indicando coisas diferentes. Há alguns "sinais" que buscam a aproximação da mãe e outros que pretendem mantê-la presente, interagindo. É possível distinguir, como já dissemos, choros de "manha", "mágoa" e "dor", assim como há sorrisos "fechados", "sociais" e "largos".

Quando a mãe responde aos "sinais" que a criança emite (chamamos a isso de interação "sintônica"), uma relação afetiva se desenvolve e tanto a criança como a própria mãe desenvolvem um sentimento de segurança: o bebê diante do ambiente e a mãe diante de seu papel materno.

Auto-imagem e autoconceito

Em relação à auto-imagem e ao autoconceito, o bebê, inicialmente, não experimenta a si mesmo como separado dos outros, especialmente da mãe: ele e a mãe são vivenciados como sendo uma coisa só. Com o tempo, a criança começa o processo de separação, ainda que a mãe seja vista como uma extensão de si, seja provendo-o de cuidados ou frustrando-o.

Ansiedades normais do bebê

Por volta dos seis meses, o bebê sorri mais para a mãe, dá os braços para ela, vocaliza mais em sua presença, deixando nítida a aquisição de uma ligação de apego e apresentando então ansiedade de separação a seu afastamento.

Em torno dos oito meses, surge a ansiedade diante de estranhos, indicando claramente que o bebê já discrimina o familiar do não familiar.

A tarefa do ambiente junto à criança de zero a um ano e meio?

A tarefa do ambiente nesse período é a de prover condições para que o bebê desenvolva um sentido de segurança e confiança em relação ao mundo, através do afeto da mãe ou do substituto e da adequada satisfação de suas necessidades.

Mas, mais importante que a quantidade são a qualidade e a contingência da estimulação que o ambiente provê ao bebê: a criança se apega a quem tem com ela uma interação melhor (em qualidade e no momento da necessidade) e não a quem fica com ela a maior parte do tempo!

O brincar

A criança geralmente se diverte jogando objetos e os pegando e gosta muito de brincar com a mãe de "achou!" (nas mais diferentes culturas, diga-se de passagem).

Brinca de sacudir chocalhos (quatro meses), empilhar cubos (treze meses) e com um ano e meio folheia livros.

Raio de relações significantes

A mãe ou o substituto.

Por volta dos dezoito meses, quando se inicia o aprendizado do controle da bexiga e do intestino, concomitantemente se inicia o desejo de controle do ambiente. Este controle é uma nova fase de prazer e de afeto, e a criança apresenta interesse pelas relações familiares. Ela deseja fazer várias atividades sozinhas e, com o desenvolvimento da fala, por vezes faz uso de palavras "feias" relacionadas à sexualidade. Nessas horas, reajam com *calma*. A intervenção dos pais deve ser tranqüila, mas firme, colocando para os filhos os limites que eles não estão conseguindo *ainda* colocar. Não sendo ridicularizada ou repreendida rudemente, a criança não desenvolve a *vergonha*.

De 18 meses a 3 anos

Desenvolvimento afetivo e social

Com o crescente processo separação-individuação, a criança ganha um senso de existência inteiramente separada, aumenta a independência da mãe, embora, às vezes, vacile entre um funcionamento independente e um retorno ao apego inicial.

A criança já "caminhou" muito até esse momento (já aprendeu a andar, a discriminar familiares de estranhos, adquiriu os rudimentos da linguagem) e, se recebeu cuidados adequados, sente-se segura diante do ambiente e precisa então "testar" tudo isso.

Muito de sua interação com o ambiente tem o caráter de uma "oposição" àquilo que lhe é pedido em várias situações da vida diária. É teimosa, negativista: "não vou", "não quero", "não gosto".

Aparecem de forma intensa alguns impulsos, como os de aquisição (a criança passa a pegar tudo, a querer tudo, dizendo que é dela); agressão (reage muitas vezes batendo, chutando, fazendo birra às frustrações que o ambiente impõe a ela); sexual (na situação de banho, é freqüente encontrar crianças explorando as sensações produzidas pelo toque a seus órgãos sexuais).

As mães começam a ser mais exigentes com a criança, a exigir maior cooperação, obediência e controle, como é o caso do treino de toalete (processo de eliminação), que acontece em geral nesse momento. É o início da internalização das normas, do que pode e não pode.

O brincar

A criança nesta fase tem objetos favoritos (brinquedos, cobertor e outros).

Brinca de forma solitária, não dividindo os brinquedos (tudo é "meu") e sua brincadeira é livre e sem regras.

Importante lembrar que seu tempo de atenção é muito curto (por isso devem ocorrer mudanças freqüentes de brincadeira). Gosta bastante de brincar de esconde-esconde.

A tarefa do ambiente junto à criança de até três anos

A tarefa do ambiente nesse período é o de dar limites aos comportamentos da criança, isto é, começar a estabelecer para ela o que pode e o que não pode, o certo e o errado.

Normas para a criança

Importante nesse sentido que:

- As normas sejam claras, bem determinadas e exigidas na maioria das vezes: isto faz com que a criança aprenda mais rápido e se sinta segura diante das conseqüências de seu comportamento.
- A aprendizagem das normas e do controle não signifique a aquisição do medo e da vergonha.

Importante esclarecer que, nesse momento inicial do aprendizado das normas, as normas sociais são obedecidas geralmente apenas quando o agente socializador está presente. Há necessidade de um controle externo, ou seja, a mãe precisa estar presente na situação dizendo à criança "não fazer sujeira", "não subir na mesa".

E é, por sua vez, pelo receio de perder o "amor" da mãe que a criança lhe obedece.

Raio de relações significantes

Os pais.

De 3 a 5 anos

Desenvolvimento afetivo e social

Ocorre uma grande "ampliação da socialização": a criança é exposta a influências sociais mais amplas, visitando a casa de amigos e muitas vezes freqüentando a escola.

Além de os contatos sociais da criança crescerem rapidamente nessa fase, há diferenças em relação ao sexo dela:

– As meninas gastam grande parte do tempo em interações sociais; a afiliação é uma tendência maior delas.

– Os meninos estão mais freqüentemente engajados em alguma atividade física.

Continua a dependência dos pais, mas se inicia o esforço pela autonomia: a criança quer tomar banho sozinha, ajuda um pouco nas tarefas da casa, tem um envolvimento maior com a escola maternal/creche.

A criança inicia tarefas, propõe atividades, antecipa-se ao ambiente.

O brincar

A criança nesta fase brinca ativamente com a fantasia e faz uso intenso da imaginação.

Entretanto, o brincar tem características diferentes: já não precisa tanto da manipulação do concreto e recorre muito ao "faz-de-conta".

Começa também a brincar com jogos competitivos.

Os adultos como modelos

Nesta fase, a criança se identifica com os adultos com os quais se ligou emocionalmente e com quem ela convive. Que responsabilidade a nossa!

Ela imita esses modelos, ensaia "papéis" em termos do comportamento, dos valores, das atitudes e da forma de reagir.

As tarefas do ambiente junto à criança de três a cinco anos

As tarefas do ambiente neste período são no sentido de permitir, dentro dos limites por ele considerados como adequados, que a criança teste sua iniciativa, sejam dadas condições para que ela verifique o efeito de suas ações e possa aprender que se lançar em frente pode ser algo agradável e ter bons resultados, dentro do equilíbrio liberdade x limites.

É fundamental a adequação dos pais como modelos a serem imitados e seguidos: se esses são indiferentes ou hostis, criam modelos pobres para a criança se identificar; o afeto é a base tanto para a aquisição de normas quanto para a identificação.

Nesse sentido é importante que os pais como modelos tenham um bom conhecimento de si mesmos, aceitem-se e respeitem-se como pessoas, estejam satisfeitos consigo mesmos e possam transmitir um ao outro com tranqüilidade a visão que cada um tem da criança.

A influência dos pais sobre os filhos é profunda justamente porque ela se dá através dessa aprendizagem por imitação mais do que por um ensino direto.

A tarefa do ambiente nesse período é também a reflexão individual e a auto-análise dos adultos como pessoas com as quais a criança se identifica e toma como modelos.

Raio de relações significantes

A família básica.

Como, até os seis anos de idade, os julgamentos infantis são baseados na percepção e não na lógica, a manipulação dos genitais e a exploração das diferenças sexuais se intensificam. Brincar de "papai e mamãe", de hospital, de enfermeira, de trenzinho e outras mais são recursos que auxiliam as crianças a saciarem sua curiosidade pelas diferenças anatômicas sobre os sexos.

As perguntas das crianças sobre a origem dos bebês e sobre o próprio corpo se tornam mais freqüentes. E ninguém é mais indicado do que os próprios pais para ajudar as crianças a esclarecer suas dúvidas. Mas como?

– Respeitando os limites da própria sexualidade do casal, dêem respostas simples, curtas e objetivas às perguntas.

– Se necessário, devolvam a pergunta à criança para entender o que ela está perguntando.

– Diante de cenas de ciúmes da criança pelo pai ou pela mãe, tratem a criança com amor e tentem compreender que essa "rivalidade" é passageira. A criança ainda é muito egocêntrica, mas se tratada de forma positiva aprenderá logo a ter iniciativa e a se colocar no lugar dos outros: *empatia*.

– Um ambiente mais conflituoso gera *dúvidas* e sentimentos de *culpa*.

Capítulo 9

Na fase compreendida entre os seis e os doze anos de idade, a criança adora relacionar-se com outras do mesmo sexo, o que fortalece sua identidade sexual.

A criança se volta ao conhecimento do mundo, mas também procura o conhecimento sobre o sexo. Então, continuem criando em sua família um clima positivo *para que as perguntas apareçam*. Um ambiente livre de críticas destrutivas enfraquece o sentimento de *vergonha* que por vezes se manifesta nesse período.

Conversem, encorajem seus filhos a participar de atividades individuais ou em grupo. E, quando oportuno, discutam com eles sobre o respeito pela outra pessoa, relembrem as "regras" de convivência em família e fora dela. Assim, vocês estarão assegurando que a criança se sinta mais *tranqüila* em relação aos outros e consigo mesma.

De 5 a 12 anos

Desenvolvimento afetivo e social

Surge um novo socializador: a escola.

Conseqüentemente, tem-se também a separação da mãe e da casa por um período de tempo maior.

Os professores, os colegas e os amigos se tornam influências sociais importantes.

Entretanto, as amizades são transitórias e os interesses mudam rapidamente.

A criança vai deixando de lado a fantasia e o brinquedo, passando a empreender tarefas reais na direção de competências acadêmicas e sociais.

Teste do processo de desenvolvimento anterior

Esta é uma fase de teste do processo de desenvolvimento anterior e nesse sentido:

• É preciso que a afeição tenha gerado segurança para que ela se sinta tranqüila para conviver com outros adultos e ambientes.

• É preciso que os limites impostos a seu comportamento tenham levado a uma capacidade grande de se adaptar e de seguir normas (as da escola são muitas). É preciso que a liberdade tenha permitido a iniciativa e a expectativa de que testar e enfrentar novas situações é muito bom. É preciso acima de tudo que a criança tenha desenvolvido e adquirido uma auto-imagem positiva.

• Crescimento das relações com os colegas do mesmo sexo e do oposto.

O brincar

As crianças nessa fase participam de jogos em equipe na escola e em casa, com regulamentos. A competição nos jogos pode ter resultados associados à auto-estima.

As tarefas do ambiente

As tarefas do ambiente nesse período são:

- Em relação à família: continua a ser o primeiro socializador, dela depende a escolha da escola. Cabe à família apoiar a criança, valorizar seu trabalho na escola, seu ganho de competências e habilidades. É preciso enfrentar também o início do afastamento da criança da dominância familiar; a cada instante o filho traz um "pode?" novo e diferente, cabendo aos pais discutir, rever, ceder ou impor normas.
- Em relação à escola: responder às necessidades da criança de se sentir capaz, empreendedora, competente; informar e formar, assumir o desenvolvimento da criança como um todo, não ser apenas um mero transmissor e cobrador de informações ou, pior ainda, um lugar onde a criança gasta parte de seu tempo aliviando as responsabilidades da família. Cabe à escola manter ou transformar a visão que a criança tem de si mesma, de suas capacidades, de seu valor: os professores são adultos significantes e modelos a serem imitados, bem como os companheiros serão os transmissores de novos padrões de comportamento e atitudes.

Raio de relações significantes

A vizinhança e a escola.

Com o início da adolescência, as mudanças físicas, psicológicas e sociais são mais marcantes. O desejo, que antes era direcionado somente para o próprio corpo, volta-se para o outro. A dica aqui é: reconheçam que o adolescente tem sentimentos e desejos sexuais e conversem sobre eles, mesmo que tenham de superar algum incômodo e gaguejar nessas conversas. Sobretudo, ajudem o filho a encontrar a resposta da célebre pergunta: "Quem sou eu?". Ao conseguir entender-se melhor, o adolescente começa a se considerar uma pessoa coerente, integrada e única. E progressivamente vai introjetando e elaborando seus sentimentos, desejos e o mundo. Se o filho e/ou a filha estão ansiando por intimidade sexual, ajudem-nos a reconhecer que ainda não estão amadurecidos emocionalmente para se tornarem pais ou esposos. E que eles podem preencher essas necessidades se focalizarem sua atenção em objetivos de vida a longo prazo: amizades sólidas, uma boa escolaridade, uma carreira bem-sucedida e, então, casamento, sexo e filhos.

Erikson afirma que para ajudá-los a crescer necessita-se atribuir-lhes, cada vez mais, independência e responsabilidade. E sempre permaneçam envolvidos na vida dos filhos. Tenham certeza de que estarão sendo bons pais e que os filhos saberão reconhecer o amor e a dedicação de vocês, mesmo que esse reconhecimento só venha mais tarde.

Mesmo com a existência de várias campanhas falando às pessoas sobre a importância do uso de preservativos e anticoncepcionais, não deixem de orientar o adolescente a respeito dos métodos contraceptivos e a respeito da proteção do próprio corpo contra diversas doenças. Não abram mão da preservação da saúde e da própria vida.

Adolescência – De 12 a 18 anos

Desenvolvimento afetivo e social

O papel das amizades é fundamental, sendo fonte de segurança e de status social. São mais íntimas e deixam de ser os amigos escolhidos pelos pais para serem pessoas desconhecidas do ambiente familiar (muitas vezes gerando preocupações à família).

A conformidade (agir de acordo) com o grupo torna-se muito importante e é fundamental ser aceito dentro dele.

Ocorre a consolidação da auto-imagem e o estabelecimento de uma identidade pessoal: noção de quem é, para onde está indo e quais são as possibilidades de chegar lá.

É também o momento da reavaliação das normas sociais e dos valores, período de intenso idealismo e descoberta de valores abstratos, como liberdade, beleza, privacidade, democracia etc.

Não podemos esquecer-nos da ambivalência do adolescente: deseja a liberdade, mas não gosta de assumir a responsabilidade a ela inerente.

O adolescente formula conceitos de amor e procura por intimidade. Tem suas primeiras experiências sexuais e ocorre o estabelecimento da orientação sexual.

As tarefas do ambiente junto ao adolescente

Prover condições para que as necessidades do adolescente (ser aceito, ser reconhecido como pessoa, ter sucesso em suas atividades, ser querido e ser compreendido) sejam satisfeitas.

De modo objetivo, os pais devem prover:

- relacionamento afetuoso;
- modelo adequado dentro do papel sexual;
- diminuição da autoridade, sem cair numa permissividade prematura, comunicação franca: conversar, despender tempo, discutir as realizações do adolescente, suas metas, restrições, valores;
- lembrar da própria adolescência: lembrar que os rebeldes de ontem se tornam os preocupados de hoje;
- ter senso de humor: muitos dos comportamentos dos adolescentes são caricaturas ou uma oposição diante da forma como o adulto age.

Raio de relações significantes

Grupo de amigos.

10

Por Favor e Obrigado!

Boas maneiras

Capítulo 10

Não esqueçamos que educar exige tempo e que, embora os genes possam influenciar em grande parte a personalidade, o respeito, a sensibilidade e os bons modos são ensinados e aprendidos em casa.

Por mais novinha que seja a criança e ainda não compreenda o significado de palavras como: "por favor", "obrigado", "com licença", "desculpe!", "bom dia", se ela vive em um ambiente em que essas palavras são freqüentemente usadas, desde cedo ela aprende a usá-las de maneira sincera e não forçada. O exemplo que constantemente tem em casa vai sendo interiorizado com o tempo.

Mesmo ainda bebê, uma mãe ou pai que, quando tem sua camisa agarrada com força por seu filhinho de sete meses, ao invés de reclamar com um "ai", retira com calma sua forte mãozinha e lhe diz amavelmente "seja gentil", já lhe ensina desde cedo que ser gentil com os outros lhe traz sentimentos de felicidade e acolhimento.

As boas maneiras só ajudam. Fazendo parte do dia-a-dia, tornam a convivência melhor.

É tão agradável quando encontramos com uma criança educada, tranqüila e feliz! A criança deve ser tratada com gentilezas e respeito, e também tem direito a nosso "por favor" e "muito obrigado". Mesmo quando precisar ser corrigida, uma abordagem mais educada possui mais valor que uma intervenção grosseira do tipo: "Largue isso agora mesmo!". Prefiram frases que, além de corrigirem um comportamento inadequado, também transmitam valores como o respeito e a boa educação: "Você se lembra quando conversamos sobre..."; "da próxima vez, seria melhor que você..."; "seria bacana se você...".

Por mais nova que seja uma criança, explique por que deve ser educada e gentil a partir de suas próprias experiências: "Quando seu amiguinho Paulo lhe emprestou os brinquedos dele, como você se sentiu?". "Como você se sentiu quando a Aninha lhe agradeceu tê-la ajudado a guardar os brinquedos?". Assim, quando disser "obrigado", fá-lo-á com conhecimento, sinceridade e empatia.

Respeitando o grau de maturidade e entendimento dos filhos, essa orientação deve-se estender aos demais comportamentos que queremos ensinar-lhes. *Por que devemos ajudar alguém que vai carregando alguma coisa; por que não devemos gritar ou ser grosseiros com os outros; por que devemos tratar as pessoas pelo nome ou ainda com respeito usando "senhor", "senhora", "com licença"...*

Aprender a perdoar e a desculpar-se são também coisas importantes. Faz parte do ser humano cometer e assumir erros. Tenham em mente que ensinar os filhos a refletir, a perceber um erro ou injustiça e desculpar-se, é ensinar-lhes a crescer e a melhorar uma situação quando machucam os sentimentos de outra pessoa. Não significa constrangê-los nem muito menos anular sua espontaneidade. Igualmente importante é ensinar as crianças a receber um pedido de desculpas, amavelmente.

Não deixem passar as oportunidades de, quando necessário, se desculparem com os filhos ou de perdoarem quando eles pedirem desculpas por seus erros. *As crianças aprendem com o que vivem.* Além de ensinar os filhos, estão colaborando para torná-los mais simpáticos, tranqüilos consigo mesmos e felizes. É um exercício saudável na construção de uma relação de confiança e credibilidade.

Os pais também devem orientar as crianças para que, de acordo com a capacidade de compreensão, aprendam os bons modos à mesa, como: *não falar de boca cheia; evitar gritos, discussões à mesa e assuntos desagradáveis; aprender a ser um ouvinte respeitoso; aprender a pedir "com licença" quando terminar a refeição e quiser retirar-se da mesa.*

A criança, quando bem orientada, leva para a vida sua educação. Ela saberá conviver, *com sucesso*, com os irmãos, com os amigos, com os colegas da escola, com os professores, com o pediatra, com os estranhos, com a família e, muito especialmente, com os auxiliares da casa, sem destratá-los e humilhá-los.

Capítulo 10

11

O Papo Chegou à Cozinha

Gás, fogo e facas

Capítulo 11

Desde o momento em que descobrem que estão grávidos, a principal preocupação dos pais é a segurança do bebê. Segurança é basicamente uma questão de bom senso e vigilância, pois ao mesmo tempo precisarão permitir que eles explorem o mundo novo e façam novas descobertas. Bastam algumas mudanças no ambiente, adequadas às diferentes fases do desenvolvimento da criança.

Definir formas e lugares seguros para a exploração é melhor do que vigiar cada passo do bebê (uma tarefa impossível, diga-se de passagem).

Capítulo 11

Para a criança, a cozinha pode ser uma diversão, um ambiente descontraído, onde ela coloca em prática toda a sua criatividade, as brincadeiras de fazer comidinhas, ou até mesmo faz companhia para a mamãe na hora do preparo das refeições. Mas a atenção tem de ser redobrada. Nunca deixem uma criança sozinha na cozinha, cuidem para que sempre haja um adulto por perto na hora de uma brincadeira.

Então, antes de tudo, é preciso cuidar da segurança.

– Quando a criança ainda for pequena, evitar o uso de toalhas de mesa que fiquem penduradas para o lado de fora da mesa. Ela poderá puxá-la e o que estiver em cima lhe cairá sobre a cabeça.

– As sacolas plásticas devem estar fora de seu alcance. Isso evita que a criança coloque a sacola em torno da cabeça e possa sufocar-se.

– Ao retirar fôrmas quentes do forno, não usar pano fino ou molhado. Pegadores e luvas antitérmicas são mais apropriados.

– Quando estiver cozinhando, cuidar para que os cabos das panelas estejam sempre virados para o lado de dentro do fogão. Até mesmo um adulto pode esbarrar e derrubá-las, que dirá uma criança.

– Manter as facas fora do alcance das crianças.

– Limpar imediatamente o chão sempre que cair algum alimento ou respingos de gordura, para não escorregar.

– Manter armários e gavetas bem fechados, até que a criança esteja mais crescidinha.

– Os bebês devem ser mantidos a sua vista, ainda que seja em um berço ou cercadinho, enquanto se preparam as refeições.

– Quando acabar de cozinhar, certificar-se de que desligou o fogão.

– Não se apressar na cozinha. A calma e a paciência ajudam a evitar acidentes.

O papo chegou à cozinha! Como?

Que tal iniciar um "Projeto Culinário" convidando os filhos para participar da preparação da lancheira que eles levam para a escola? Afinal, ainda não se trata da elaboração dos alimentos, mas de um armazenamento dele, o que dispensa a utilização de fogão, microondas e outros aparelhos.

Dicas:

- É preciso saber dosar as guloseimas para que a criança não as consuma em excesso.
- Evite alimentos industrializados, ricos em gorduras e açúcar.
- A apresentação dos alimentos é muito importante. Seja criativo.

- Procure, sempre que possível, variar a merenda para a criança não enjoar.
- Não utilize as bebidas adoçadas. Elas podem provocar cáries.
- As crianças copiam os modelos alimentares dos pais e de pessoas que admiram. Se a família tem bons hábitos, a criança os incorpora com o passar do tempo. Quando ela rejeita qualquer alimento, o melhor é não insistir, mas sim dar exemplos.

Deixe essa atividade com "ar" de ritual. Um ritual que vocês executarão juntos. Comece lavando as mãos antes da preparação da merenda escolar. Não perca a oportunidade para lhes ensinar noções de higiene, não só em relação ao próprio corpo, como também em relação ao alimento. Enriqueça momentos como este, compartilhando com o filho experiências de diferentes culturas. Eu, pessoalmente, em minha clínica, utilizo vários exemplos, em especial o relato do hábito dos japoneses de higienizar suas mãos com toalhas mornas antes de cada refeição. Crianças se interessam pelo "diferente", são curiosas.

Em dias de festa, troque a massinha por uma massa de docinho. É uma experiência que permite explorações ricas: desenvolve o tato, com texturas diferentes; estimula a percepção olfativa; fortalece o laço de afeto entre pais e filhos, além de ser uma oportunidade para a criança se sentir importante, mais autoconfiante. *Mas tome o cuidado de vigiá-la para que não coma doce em exagero!*

As receitas que não precisam de fogão são as mais indicadas para iniciarmos nosso "Projeto Culinário" e fomentar nas crianças o gosto pelo preparo do próprio alimento. Já os adolescentes podem aprender a cozinhar pratos saudáveis, como torta de atum e lasanha de espinafre.

Receitas

Sobremesa gelada de mamão

Ingredientes:
1 mamão papaia.
2 bolas de sorvete de creme.
4 colheres de leite condensado.
1 colher de café de geléia de cassis.

Preparo:
Bater tudo no liquidificador e servir em duas taças. Decorá-las com raspas de chocolate e folhas de hortelã.

Patê de Atum

Ingredientes:
1 lata de atum amassado.
3 colheres de sopa de maionese.
Cheiro verde, salsinha e cebolinha.
Sal a gosto.

Preparo:
Numa vasilha misturar todos os ingredientes. Provar se está bom de sal. Colocar num recipiente definitivo e levar para gelar. Servir com torradas ou bisnaguinhas.

Sanduíche

Ingredientes:
2 minibaguetes
250g de presunto em fatias finas.
Folhas de alface.
1 xícara de chá de maionese.
1 pepino picadinho.
2 colheres de sopa de picles picadinho.
2 colheres de sopa de salsa picadinha.
1 ovo cozido cortado em rodelas finas.

Preparo:
Misture a maionese, o pepino, o picles e a salsa. Reserve. Corte as baguetes ao meio e recheie com presunto, alface, ovo e a mistura reservada.

Não deixe de alertar seu filho a respeito dos perigos da cozinha (facas, gás, microondas etc.). Existem alguns vídeos especializados e livros de história que nos ajudam nessa tarefa. Caso não tenha acesso a esses instrumentos, vai aí uma dica:

Seja você mesmo autor de uma história. Utilize fantoches, recorte gravuras para as ilustrações. Se sua criança já é capaz de imaginar e contar histórias, deixe que ela própria lhe conte a história. Estimule-a com gravuras e perguntas como estas a seguir: "Esta é uma figura ainda sem vida e sem movimento." "Você pode me ajudar a contar a história dessa ilustração?" "O que estava acontecendo antes de seu personagem chegar até a cozinha?" "Como termina sua história?"

Mostre interesse por aquilo que a criança tem a lhe dizer. Proponha um final diferente, contribua com a história.

Crianças são curiosas por natureza. Para evitar acidentes na cozinha, mais do que trancar armários, colocar objetos fora de seu alcance, deve-se falar, ou melhor, alertar e demonstrar às crianças, no nível de seu entendimento, por que determinadas situações podem ser perigosas. Conheço uma mãe que, depois de tanto insistir com a filha de dois anos para não vir até a cozinha porque o forno estava ligado, mostrou a ela o motivo por que não deveria se aproximar do fogão. Responsavelmente, deixou a filha sentir o calor de perto do forno. E verbalizou: "Sentiu como está quente?". Mesmo ainda muito pequena, a menininha está aprendendo a confiar na mãe e posteriormente mostrará o que aprendeu. *Uma boa base cria capacidades!*

À medida que a criança for aprendendo a ler e a escrever, deixe que ela mesma leia as receitas. Essa simples atividade de seguir uma receita permite que a criança pratique disciplina, uma vez que ela terá de trabalhar seguindo instruções.

Cultive o gosto por verduras, frutas e legumes em casa. Desvincule o conceito do "gosto horrível" que a maioria das crianças tem quando se trata de legumes e verduras. Ao invés de chantagens, como privá-las da sobremesa se não comerem a salada nas refeições, ensine-as a fazer sucos, por exemplo. Selecione para essa experiência verduras, legumes e frutas que a criança já conhece e também os que ainda não experimentou. Apresente todos os ingredientes para que ela se familiarize com eles. Deixe que ela os experimente.

Brinque de adivinhação: "Com os olhos vendados, vamos ver se você já é capaz de reconhecer algumas frutas pelo tato ou pelo olfato? Qual é esta que está aqui?". E assim por diante.

Deixe que a criança sugira as misturas dos sucos. Mas garanta que no final tenha um gosto que ela aprecie. Ajude-a nas primeiras escolhas: suco de abacaxi com hortelã; suco de laranja com cenoura; suco de beterraba com acerola e muitos outros. Ao fim dessa experiência, mais do que se familiarizar e degustar os alimentos, a criança acaba tomando diversos sucos.

As misturas, os diferentes sabores e cores, a transformação dos ingredientes, o contato com instrumentos de diferentes nomenclaturas incrementam o desenvolvimento cognitivo. Ajudam no desenvolvimento do vocabulário, na aquisição de noções de quantidade, volumes, estados físicos das substâncias (líquido, pastoso etc.), percepção de diferentes texturas. O que posteriormente contribuirá para um desempenho escolar brilhante, pois seu filho não terá de se esforçar tanto para compreender essas noções.

Capítulo 11

12

Lar, DOCE Lar

Evitando intoxicações

Capítulo 12

Os acidentes na infância são muito comuns. É a própria casa um dos locais mais perigosos para as crianças, além dos ambientes que freqüentam habitualmente. Esses riscos são inerentes ao fato de a criança querer manipular tudo o que vê na descoberta do "novo" mundo. Além de não saber avaliar os perigos, as crianças até cinco e seis anos de idade têm um sentido de autopreservação muito reduzido.

Segundo as estatísticas, mais de 50% das vítimas de envenenamento são crianças abaixo de seis anos.

Sabe-se que as crianças entre as idades de um e três anos são propensas a quedas e a ferimentos leves. No entanto, também estão sujeitas a sofrerem outros percalços menos freqüentes, mas muito mais graves, como intoxicações com medicamentos e produtos de limpeza. Até essa idade, a criança não tem noção de seus limites nem das conseqüências de seus atos. Então, antes dos três anos, pais e responsáveis não podem fazer muito mais do que dizer "não-não" inúmeras vezes ao dia. Nesse início, o melhor é prevenir!

As crianças não param de mexer e estão sempre a descobrir suas novas capacidades físicas (engatinhar, andar, subir, correr etc.). A capacidade das crianças para reconhecer possíveis riscos e/ou prever as conseqüências de seus atos é adquirida posteriormente! Dependem, portanto, da segurança que os próprios pais lhes proporcionam.

Retirem do alcance das crianças, tanto quanto possível, os objetos que podem apresentar algum tipo de risco para elas. Tornem o lar um espaço seguro. Fiquem atentos. Seja trancando essas coisas num armário ou se certificando de que suas embalagens têm fechos à prova de crianças.

Crianças se rendem às cores, aos atraentes formatos das embalagens e às fragrâncias de produtos de limpeza que, por vezes, apresentam cheiro de frutas. Que o digam os médicos de pronto-socorro!

As medidas de segurança devem abranger a casa em sua globalidade, incluindo espaços debaixo do tanque, a garagem, a escada, a cozinha, os banheiros, a sala de estar, os dormitórios. É preciso concentrar a atenção nos cantos estreitos, por exemplo, produtos de limpeza doméstica embaixo da pia da cozinha. E se seu filho não pode abrir a porta ainda, isto é apenas uma questão de tempo.

"Não se deve esquecer de que as crianças são sempre imprevisíveis e aprendem muito depressa. A regra de ouro para evitar acidentes é não subestimar nunca suas capacidades e antecipar-se aos acontecimentos. 'Daniel (dois anos e meio) ficou só na cozinha enquanto eu fui atender ao telefone', conta sua mãe. 'Segundos depois, apareceu na sala com uma faca elétrica que estava colocada na parede. Meu filho tinha-a apanhado subindo em um banco. Nunca imaginei que ele pudesse fazer uma coisa dessas. Agora, guardo todo esse tipo de instrumentos num armário fechado a chave'" (Fonte: *Revista Bebê d'Hoje*, ed. 05 – 2 anos / Assim crescem).

Bebês podem, ainda, envenenar-se respirando a fumaça de fumos.

Existem ainda algumas providências mínimas de segurança que devem ser adotadas em áreas externas (quintal, parquinhos, caixa de areia):

– Sebes e arbustos contendo espinhos perigosos devem ser evitados.

– Bagas de cores vistosas e potencialmente tóxicas devem ser replantadas preferencialmente em um local não muito freqüentado por crianças.

– Crianças acabam comendo a areia em que brincam. Então, o parquinho de areia merece atenção especial. A areia deve ser toda tratada para evitar acidentes com pedras e contágio de doenças. Não deixar que essa areia seja susceptível a excrementos de animais. Crianças devem ter um local saudável para o lazer.

– Prestar atenção às plantas que adquirem para sua casa. Plantas ornamentais são tão atrativas para as crianças quanto o são para os adultos, mas por razões diferentes. Você pensa: "Que adorável azaléia!". Seu pequeno pensa: "Que gosto aquilo deve ter?". Azaléias, assim como muitas plantas ornamentais, são tóxicas.

– Não plante e/ou apanhe cogumelos se não os distingue com toda a exatidão.

Uma visita pode descansar uma latinha de cerveja ou seu copo de whisky na mesa de centro da sala de estar, sem pensar que uma criança pode pegá-lo e bebê-lo em um segundo. Cuidado, ainda, com xaropes, sprays ou gotas nasais ou de garganta que podem estar em paletós ou bolsas.

Bolas de naftalina, purificadores de ar, vitaminas, espumas de banho, creme de barbear, desodorizante de vaso sanitário, perfumes e colônias, água oxigenada, tratamentos de cabelo, além da "farmácia doméstica" armazenados no banheiro, também merecem atenção. E, por mais precauções que sejam tomadas, nunca se deve abrandar a vigilância. Conforme a criança cresce, pode ser necessário introduzir mudanças para adaptação a novos perigos: o que é seguro para uma criança de um ou dois anos pode não o ser para uma criança de três anos. Não vacilar: se há suspeita de envenenamento, procurar o pediatra ou correr ao pronto-socorro mais próximo. Não fazer nada sem orientação médica para não agravar o quadro.

Uma grande variedade de produtos especializados em evitar perigos domésticos às crianças já pode ser encontrada no mercado. Mas o uso desses produtos, volto a enfatizar, não dispensa a supervisão de um adulto. Manter a criança sempre sob um olhar atento, mesmo que a distância. É melhor colocar a criança em um lugar no qual ela possa brincar, sem que perca a liberdade de expandir seus movimentos. Observar o ambiente, procurando identificar antecipadamente os possíveis riscos e locais ou brinquedos perigosos. Procurar fazer dessa atitude um hábito, tendo sempre um "plano" preparado para possíveis emergências. Mas sem "neuroses", lembrando-se de que o objetivo dessa atitude é garantir que nada vá atrapalhar a diversão. Proibições como: "não mexa aí", "não pode", "fique quietinho", quando repetidas em excesso, tornam-se cansativas não somente para os pais, como também para as crianças, que acabam constantemente frustradas.

Preparar o lar para a chegada de um bebê e seu gradual desenvolvimento é uma tarefa trabalhosa e exige muito dos pais. Mas também muito recompensadora!

13

Meu Super-herói Favorito

Cuidado com as sacadas e janelas

Capítulo 13

Todos os objetos alimentam o apetite do bebê pela descoberta, desde seu nascimento. O berço é o primeiro local a protegê-lo e suas grades devem cumprir sua função: impedir que o bebê passe entre elas, evitando quedas!

Tabela: Dicas

Idade	Cuidados
0 a 6 meses	Antes de iniciar a troca de fraldas, separe todo o material que utilizará. Além de facilitar a troca, você não precisará afastar-se do bebê enquanto ele estiver no trocador de fraldas. Lembre-se de que ele pode rapidamente se virar e cair, mesmo que esteja em uma cama de casal.
6 meses a 1 ano	Muitos já engatinham ou se colocam de pé. Ampliando seu alcance corporal, o bebê aumenta também sua capacidade de exploração. Então, imagine e examine os lugares onde o bebê possa apoiar-se e veja se são seguros. Berços com o estrado alto e espaço muito grande entre as grades são perigosos. Coloque barreiras nos acessos às escadas.

1 a 2 anos	Continuam sem noção de perigo, mas cheias de curiosidades. Querem descer e subir escadas, escalar os móveis e abrir portas e janelas. Assim, as portas que dão para a rua ou para as áreas perigosas devem ficar trancadas. Evite encostar móveis nas janelas ou sacadas de varandas, mesmo quando há grades ou telas protetoras, pois a criança pode subir nos móveis e cair.
2 a 3 anos	O que antes parecia difícil – subir e descer pelos móveis, janelas, muros – fica cada dia mais fácil. E a criança não mede os riscos. Apesar de parecer crescidinha e já ter noção de alguns perigos, pelo fato de querer fazer muitas coisas ao mesmo tempo, acaba por não conseguir avaliar quando está passando dos limites e se arriscando.

A casa é seu mundo, um mundo muito apelativo, com suas portas, sacadas e janelas. E com sua curiosidade e espírito de aventura, a criança acaba por correr riscos devido a sua pouca idade. Muitas delas não têm medo de alturas, principalmente quando estão buscando saciar sua curiosidade.

A partir do segundo ano de vida, a criança passa a viver num mundo de faz-de-conta, paralelo ao mundo real, e que é repleto de seres imaginários.

Nesse mundo de fantasias, super-heróis com seus superpoderes, fadas com suas magias e os heróis da TV são alvos da projeção infantil.

Além de sua imaginação, uma coleção de produtos está a seu alcance: máscaras, fantasias de super-heróis e bonecos. E é nesse momento que se faz necessário o "redobrar de cuidados", principalmente com janelas ou objetos que ofereçam perigo, pois a criança pode sentir-se tentada a imitar o modo de atuar de seus personagens. *As janelas devem ter segurança, e junto delas não devemos colocar móveis.* Na lógica dela, se os super-heróis conseguem subjugar o mal, ela também o consegue. E esses pensamentos mágicos lhe dão um sentido de poder muito forte e contribuem para diminuir a sensação de fraqueza e de impotência diante dos adultos.

À medida que a criança cresce, a imaginação vai-se tornando mais próxima da realidade. Por volta dos seis, sete anos de idade, espera-se que isso tenha terminado, uma vez que várias funções já se terão desenvolvido, como a memória, a lógica e a inteligência.

Coloque redes de proteção nas janelas e sacadas.

A colocação de redes de proteção traz mais tranqüilidade aos pais com relação à segurança das crianças dentro de casa; no entanto, nada os isenta da res-

ponsabilidade de orientar, constantemente, seus filhos quanto aos perigos que as sacadas e janelas oferecem, pois em outros ambientes elas podem não apresentar segurança, e também para aos poucos irem desenvolvendo sua percepção do perigo. Atenção: brincadeiras e jogos que trabalham a orientação do sujeito no espaço são ideais para as crianças apreenderem noções de altura. Proponha atividades que ajudem a criança a desenvolver a capacidade de situar seu próprio corpo e também outros objetos no espaço, em relação a referenciais e obstáculos fixos e móveis.

Essa noção, muitas vezes, tem seu início na brincadeira da criança de jogar brinquedos e objetos no chão repetidas vezes, aprendendo assim a perder e a recuperar objetos, bem como noções de distância, altura, causa e efeito. Nas próprias vivências do cotidiano, como alcançar um brinquedo na estante, construção de torres com blocos e até mesmo no fato de estar no colo de um adulto que está de pé, podem-se encontrar exemplos de atividades que contribuem para a aquisição da perspectiva espacial pela criança. E essa perspectiva está relacionada com a amplitude e com a dominação da noção corporal, da lateralidade, do equilíbrio e da tonicidade.

De acordo com a maturação do Sistema Nervoso Central, a criança vai estabelecendo conexões entre certos estímulos e determinadas respostas e, conseqüentemente, aumentando sua adaptação ao ambiente que a rodeia. Quanto mais dinâmicas forem as experiências da criança, a partir de sua liberdade de sentir e agir através de brincadeiras e jogos, maiores serão as possibilidades de enriquecimento psicomotor e conseqüente estruturação espaço-temporal.

Uma boa orientação espacial é construída através do amadurecimento e da conscientização propiciados por uma boa dinâmica corporal que, por sua vez, obedece a uma seqüência evolutiva das fases de desenvolvimento infantil.

14

"Quem não se Comunica se Trumbica!"

É importante ensinar a criança a se comunicar bem

Capítulo 14

A comunicação de uma criança modifica-se muito de acordo com as diferentes fases de seu desenvolvimento. As crianças passam por fases em que são muito acessíveis, extrovertidas e expansíveis em relação a seus sentimentos. Tagarelas mesmo! E há fases em que um diálogo monossilábico acaba prevalecendo, em que seus sentimentos, emoções e pensamentos ficam mais guardados com elas mesmas. Qualquer que seja o momento, a comunicação com os filhos é muito importante.

Iniciada desde cedo, a comunicação entre pais e filhos é a semente para que a criança desenvolva suas habilidades de comunicação e, paralelamente, adquira a responsabilidade por sua segurança e desenvolvimento pessoal. E mais: crianças que encontram em seu próprio lar um ambiente que valoriza o diálogo entre os familiares estão mais propensas a serem bem–sucedidas. Pois a maneira como nos comunicamos influencia enormemente o modo como nos colocamos no meio em que vivemos. Crianças que não aprendem como se expressar bem têm grandes chances de se tornarem adultos inseguros, desconfiados, isolados, incapazes de lidar com pessoas e situações variadas. Heródoto Barbeiro que nos diga com seu livro *Falar para liderar*: a capacidade de comunicação bem desenvolvida é a chave do sucesso em todas as áreas.

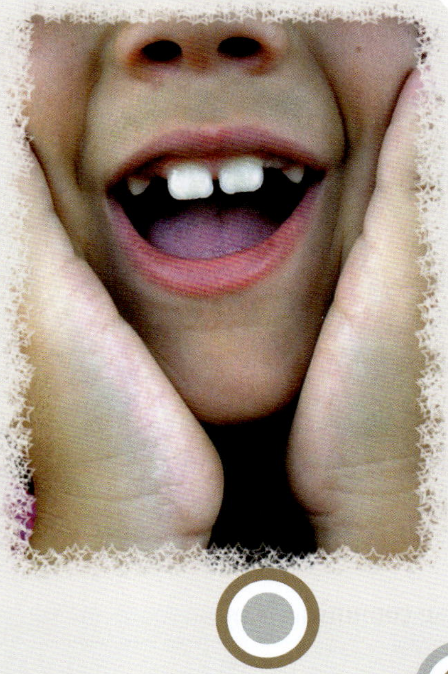

As habilidades de comunicação são aprendidas e desenvolvidas inicialmente em casa, desde a infância.

Desenvolvimento da linguagem

Do nascimento até um ano e meio (18 meses)

Ao nascer o bebê possui vocalizações diferentes de choro para "fome", "dor". É chorando que o bebê se comunica, especialmente com a mãe. E é incrível como ela consegue entender cada tipo de choro.

Aos três meses faz ruídos com a garganta e estala o céu da boca. Balbucia (repete uma série de sons: "ma-ma", "da-da") aos seis meses e reserva cada som para um objeto específico. Brinca com suas próprias vocalizações. E os adultos, imitando-os, também brincam.

Reconhece o "não" e seu próprio nome aos sete e oito meses. A média de idade para a primeira palavra é onze meses.

De 18 meses a 3 anos

A criança se personaliza e começa a usar o "eu", mostrando assim a fundamental aquisição da diferenciação "eu" e "não eu".

Utiliza já frases de duas palavras: "roupa mamãe" (dois anos) para pedir o que deseja.

Mas como a fala não é ainda capaz de dar à criança condições de expressar tudo, a frustração dá lugar à raiva, e a raiva gera a birra.

É importante que as pessoas ao redor compreendam o porquê dessa irritação.

Surge o plural e começa a fase dos "porquês".

De 3 a 5 anos

Usando palavras, a criança pode imaginar e falar sobre objetos não presentes, acontecimentos e sentimentos. O pensamento é, entretanto, egocêntrico: a criança é incapaz de adotar o ponto de vista do outro e esforça-se pouco para adaptar a comunicação às necessidades de quem ouve. O pensamento é também limitado pela inabilidade em levar em conta dois aspectos da observação ou dos objetos simultaneamente (Não conservação. Por exemplo, na situação: a criança olha para duas bolinhas de massa de modelar do mesmo tamanho, uma delas é então manipulada e se torna mais fina, a criança responde então que uma é maior que a outra porque é mais comprida).

Tenta desenhar uma pessoa (três anos) e, depois, coisas que já viu (cinco anos).

De 5 a 12 anos

Nesta fase tem-se um vocabulário enriquecido e sofisticado gramaticalmente. Ocorre o início da leitura (cinco anos) e a criança tem muito prazer em jogos de palavras e habilidades verbais.

Fala tão bem quanto escreve (12 anos).

De 12 a 18 anos (adolescência)

Ocorre a aquisição de construções gramaticais complexas. E, especialmente, observa-se o uso de gírias próprias do grupo de amigos.

O adolescente tem grande prazer com os livros, as revistas, os jornais, a escrita e os diários. Atualmente, via internet!

Desde bebê, a criança necessita da ajuda e estimulação dos pais para aumentar suas aptidões para a linguagem.

A amamentação! É aí que começa o trabalho e a disponibilidade da família (e principalmente da mãe) em fornecer para a criança seu primeiro modelo de linguagem. Os toques, as palavras de carinho, as brincadeiras, o colo, um passeio no carrinho, as respostas ao choro ou balbucio são atitudes ricas em significados. São oportunidades de desenvolver com o bebê suas aptidões de comunicação. Mostrar para o bebê que os sons emitidos por ele, o movimento de seu corpinho e até mesmo um contato visual estão cheios de significados, é motivá-lo a continuar se comunicando, ainda que não utilize palavras. *Comunicar envolve todo o corpo.*

Ao conversar com crianças pequenas, complemente sua linguagem oral com sinais, mímicas simples e práticas. Quanto mais tornar a comunicação com seus filhos divertida, natural e sincera, mais os filhos se sentirão à vontade e capazes para se comunicar com os pais e com os outros.

O progresso das aptidões de comunicação da criança vai acontecendo gradualmente e se aperfeiçoando durante toda a infância. Cada qual em seu próprio ritmo. Respeitar as características peculiares de cada criança é a melhor maneira de exercermos nosso papel de colaboradores. É preciso ajudá-las a melhorar sempre sua aptidão de comunicação e até mesmo a corrigir algumas "manias" de linguagem que podem tornar-se uma desvantagem para ela. Tentem encontrar meios que, além de sinceridade, também transmitam afeição.

Na ânsia de colaborar com o desenvolvimento da comunicação de nossos filhos ou de acelerá-lo, muitas vezes se despeja uma série de regras de linguagem sobre eles, causando-lhes um profundo estresse e ainda podendo colocá-los na defensiva.

A prática de partilhar com os filhos como foi o dia é uma maneira saudável de mostrar-lhes que gostamos de conversar com eles e que somos interessados por tudo que acontece em suas vidas. Os pais são não somente os mais importantes educadores da fala do filho, como também os primeiros. Portanto, cuidem da maneira como falam com seus filhos e de como os escutam. Invistam em uma criação amorosa: *comunicação inclui também a linguagem corporal que acompanha as palavras.* Falem com sua criança do mesmo modo que você quer que ela fale com os outros.

Ambientes tensos, de brigas freqüentes entre familiares, e superproteção (pais que não dão à criança oportunidade de aprendizagem e fazem tudo por ela) são exemplos de linguagem pobre. Podem prejudicar não só a linguagem, mas também o desenvolvimento global da criança.

Fazer com que todos da família sintam que o lar é um campo seguro para colocar seus sentimentos e opiniões ajuda as crianças a testar suas crenças pessoais e a prepará-las para interagir com o meio em que vivem, já que um dia elas terão de conviver com os de fora, como, por exemplo, na festinha do amigo, em empregos, no namoro etc.

A boa capacidade de comunicação de uma criança pode ainda ser sua salvação se por ventura vier a se perder. Como aprendeu desde cedo que a linguagem corporal também acompanha as palavras, a criança terá mais recursos que a ajudarão a escolher uma pessoa a quem recorrer. Essas crianças provavelmente se sairão melhor em uma situação como essa (*pedirão ajuda, saberão dizer "não", descreverão com clareza a situação, informarão um número telefônico*) do que uma criança que ouviu a infância inteira: "Nunca fale com estranhos!". Ou que ainda cresceu desprovida de recursos bons o suficiente para embasar adequadamente sua capacidade de comunicação.

> As crianças que se comunicam com estranhos estão exercitando a intuição. Elas aprendem o que lhes causa bem-estar e o que lhes causa desconforto. Esse aprendizado deve ser ajudado por um pai ou por uma mãe que observa a criança se comunicar num restaurante ou numa loja e, mais tarde, conversa sobre aquele encontro. "O que você achou quando aquele sujeito chegou tão perto de você? E daquela mulher na loja? O que fez você achar isso?"
>
> *(Becker, 2001).*

Uma comunicação infantil bem desenvolvida produz crianças com maior desenvoltura para transpor obstáculos e manter-se em relações mais proveitosas. Elas praticam autocontrole e dificilmente se metem em encrencas por culpa de "uma língua que não cabe na boca". Pensam antes de falar.

E mais do que ser um bom ouvinte e ser capaz de compreender como as palavras podem afetar a outra pessoa, a criança que se comunica bem vem construindo desde cedo uma auto-estima adequada, tem empatia, sensibilidade e simpatia.

Se a criança já está freqüentando a escola, estimulem o hábito da leitura. Com os livros a criança vai aprender sobre novas palavras, significados, situações, lugares e épocas. Tudo isso vai aprimorar o vocabulário, a imaginação, a criatividade e o desenvolvimento intelecto-emocional dela.

Convencer uma criança de que um livro pode ser mais divertido do que um videogame não é fácil. Mas se estiverem atentos aos interesses dos filhos, pode-se acertar na escolha, comprando livros que tratam destes assuntos: futebol, super-heróis, carros, contos de fada, bruxinhos. Deixar a criança desenvolver esse hábito aos poucos. Não forçar a leitura.

Compartilhem do livro que a criança estiver lendo. É uma excelente oportunidade para conversar com ela sobre um assunto de seu interesse, conhecê-la melhor e aprimorar as relações de amizade e afeto.

15

Money

Explique a importância do dinheiro

Capítulo 15

Mesmo ainda criança, os filhos são capazes de compreender o valor do dinheiro e a importância de se economizar. Como?

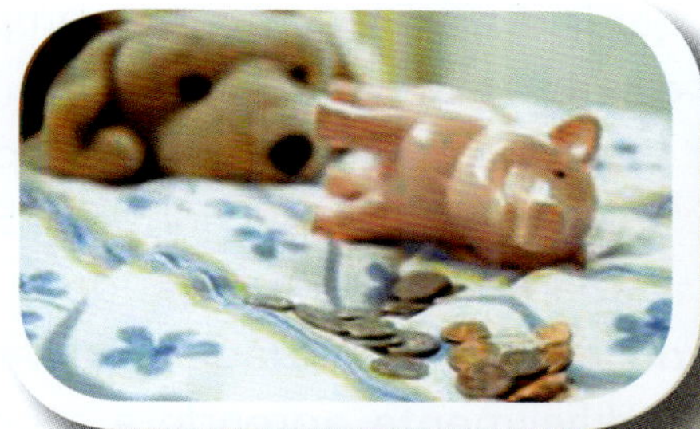

Inicialmente, pode-se recorrer às atividades lúdicas, aproximando-se assim do universo e da linguagem infantis: brincar de lojinha, fazer dinheiro de "mentirinha", mas sempre estabelecendo os valores, tanto dos produtos, como das notas. Essa atividade pode ser utilizada, ainda que a criança não tenha noção numérica. Uma dica é variar o tamanho das notas de acordo com seu valor na brincadeira. Assim, se uma bola na lojinha custar uma nota do tamanho de um retângulo de medidas 3 cm x 5 cm, por exemplo, e a criança der uma nota de medida 3 cm x 10 cm, terá o troco de outra nota 3 cm x 5 cm e assim por diante.

Não percam as oportunidades do dia-a-dia. Estimulem seus filhos a observarem os preços de tudo o que eles consomem. A partir dos quatro anos, as crianças já são capazes de perceber muitos detalhes do comércio. Reconhecem, inclusive, notas e moedas. Já podem até ser responsáveis por seus próprios cofrinhos que, diga-se de passagem, são um dos recursos mais indicados nessa etapa. Com ele a criança poderá não só armazenar suas moedas e notas, como também já poderá aprender que pode planejar um gasto a longo prazo. É isso mesmo! Não liberem grandes quantias de dinheiro para a criança, mas ensinem primeiro a controlar os gastos. Estipulem o dia e o valor (destinado aos pequenos gastos) que será entregue, semanalmente, à criança. E, quando a criança quiser um brinquedo e o dinheiro de sua "semanada" não for o suficiente para comprá-lo, digam a ela para aguardar a data de seu aniversário, o Dia das Crianças ou o Natal para ganhá-lo. Ou melhor, sugiram à criança que economize em seu cofrinho até alcançar o valor que precisa para comprar o brinquedo. Incentivem a criança a cumprir essa meta. Só deixem a criança definir metas que ela possa cumprir. No final, a criança terá aumentado sua auto-estima, e os pais estarão ensinando a ela como adquirir disciplina e também impondo-lhe limites de uma forma mais saudável e sem traumas.

Sejam um bom exemplo para seus filhos e lembrem-se do velho ditado: "Filho de peixe, peixinho é!" Se o filho vê os pais gastando sem limites, estes acabarão dando a ele tudo o que ele pede. Se em sua lista de supermercado não há prioridades, provavelmente o filho se tornará um "esbanjador" e dificilmente aprenderá a poupar. Pessoas que com o ganho pelo trabalho conseguiram poupar dinheiro sabem que manter uma situação financeira confortavelmente estável exige o controle das finanças.

Desde cedo ensinem seu filho a lidar com duas palavras-chave: *precisar* e *querer*. A criança deve saber quais são as coisas de que realmente precisa. Isso é fundamental para lhe ensinar como definir prioridades e para evitar que ela participe das famosas "febres de consumo". Outro dia vi no mural de uma classe de pré-escola dois cartazes intitulados "coisas que eu quero" e "coisas que eu preciso". O primeiro havia ilustrações de sanduíches, balas, brinquedos caros, e o segundo foi ilustrado com figuras como prato de comida, escola, água, família.

Quando forem às compras juntos, mostrem à criança que existe uma lista de produtos que *precisam* ter em casa, e que para essa compra foi reservada determinada quantia de dinheiro. Esclareçam que somente depois de comprar o que precisam e, se sobrar algum dinheiro, irão comprar o que *quiserem*. *Não deixem de explicar para a criança as vantagens de comprar o que se precisa em primeiro lugar.* E, quando o dinheiro não for o suficiente para comprar todos os chocolates e balas que a criança *quer*, não hesitem em lhe dizer: "O dinheiro não dá, você precisa escolher".

Esse aprendizado inclui o ensino de responsabilidades sociais, como o ato de fazer doações. Não somente de dinheiro, mas também habilidades pessoais e tempo devem ser incorporados como atividades voluntárias.

Márcia Abos nos fornece mais algumas dicas valiosas para nos ajudar a ensinar nossos filhos a economizar:

– Mostrar a seu filho quanto o trabalho é importante, recompensando-o quando fizer pequenos serviços extras, que estão fora de suas obrigações diárias, como lavar o carro, enxugar a louça ou varrer o quintal.

– Fazer a criança perceber que a viagem de férias, sempre tão esperada, só é possível porque os pais guardam na poupança certa quantia todo mês.

– Ensinar seu filho a não desperdiçar e a dar valor ao que tem, não permitindo, por exemplo, que quebre os brinquedos de propósito.

– Dar a "semanada", quando possível, e estabelecer para quê serve o dinheiro e como ele pode e deve ser gasto.

– O valor da "semanada" deve ser estabelecido dentro da disponibilidade da família e pode consistir de moedas a notas mais altas.

– Quando a criança quiser comprar algo mais caro, deve ser levada à loja para comparar o preço do objeto com o dinheiro que possui. Assim ela saberá quanto ainda precisa juntar para atingir seu objetivo.

– Quando a família sai de férias, os pais devem determinar qual a quantia que pode ser gasta diariamente com sorvetes, doces e passeios.

– Não deixar seu filho pensar que pode gastar o que quiser e como quiser.

– Se a família está passando por uma crise financeira, como desemprego de um dos pais, os filhos devem tomar conhecimento da situação, mas não podem sentir-se culpados por isso. Eles devem ser orientados com o objetivo de economizar energia elétrica, água e telefone, e também o de cortar pequenas despesas supérfluas.

– O pai ou a mãe pode levar o filho ao banco pessoalmente na hora de abrir uma poupança. Mas lembrar de avisar o gerente, antes da visita, que tem caráter educativo, pois isso ajuda a acabar com a imagem de fortaleza que os bancos possuem, do ponto de vista da criança.

– Adolescentes podem ter sua própria conta e cartão bancário, mas devem receber a orientação dos pais para bem administrar o dinheiro.

– Os pais devem fiscalizar a conta bancária e saber como o dinheiro está sendo gasto e sempre orientar com esse propósito.

– Permitir que o filho trabalhe durante as férias para comprar algo que deseja muito e que não podem dar por causa do preço.

Como no jogo Lego, um brinquedo de montar que a maioria das crianças adora, seu filho pode começar a construir o futuro desde pequeno, mesmo sem saber que está fazendo isso.

16

E Esse tal de Choque Elétrico?

Lâmpadas, tomadas, fios e água

Capítulo 16

A ocorrência de incidentes devidos a choques elétricos na infância infelizmente é algo bastante comum, porém pode não ser uma fatalidade se adotarmos algumas condutas de segurança na rotina diária da família.

Choque elétrico, o melhor é evitá-lo

Crianças são curiosas e gostam de tocar em tudo, essa é uma verdade incontestável. Entre os seis meses e dois anos de idade, cenas como a de um bebê colocando os dedinhos em tomadas e se encaminhando na direção de um fio esticado no meio da sala, por exemplo, são comuns. Acredita-se que "Deus protege as criancinhas", mas não custa nada dar uma força. Utilizar sempre as tomadas com protetores especiais ou até mesmo um pedaço de esparadrapo largo (*em um primeiro momento*).

Não tenham dúvida, crianças não hesitam em introduzir pinças, grampos, tesouras e até mesmo seus dedos nas tomadas. Muito pequenas ainda, não estão cientes do perigo dessa simples "brincadeira". Então, além de proteger as tomadas, não deixem ao alcance das crianças objetos que não são adequados para sua idade. E redobrem a atenção para os objetos de metal, porque são excelentes condutores de eletricidade.

A criança vai crescendo e com ela sua curiosidade e a ânsia por aprender. A partir dos dois anos, as crianças já se interessam pelos aparelhos elétricos e interruptores. Gostam de ligar e desligar e tudo mais que isso pode envolver. E, mais do que protetores nas tomadas e eliminação dos fios descobertos, que por ventura possam existir, mantenham os aparelhos elétricos fora do alcance delas. Eles são perigosos e elas ainda não têm autonomia para operá-los com segurança, até por volta dos cinco anos.

> Empinar pipas é uma brincadeira saudável e muito estimulante para a criança. Desde o preparo da pipa até que vá para o ar, várias aptidões da criança podem ser estimuladas. E, para que a brincadeira acabe bem, observem a regra básica: Empine pipas longe de fios elétricos. Os perigos são reais. "Como os fios dos postes não são encapados, a linha do papagaio pode ser um grande perigo se estiver suja, molhada ou com cerol. A linha poderá conduzir eletricidade, e a brincadeira pode terminar em tragédia. Usar sempre linhas de algodão, secas e sem cerol". *(CEMIG)*

Capítulo 16

Em uma conversa entre amigos ouvi: "Na área da piscina lá de casa tem uma extensão muito moderna com plugues de multissaídas, uma beleza!".

Água, fios, pés e mãos molhados... que excelentes condutores de eletricidade!

Então vamos lembrar algumas dicas que valem ouro:

– Uma tomada usada para vários aparelhos trata-se de uma instalação elétrica inadequada e insuficiente.

– Não utilizar qualquer aparelho eletrodoméstico estando com as mãos ou os pés molhados.

– Não mudar a chave de temperatura (inverno-verão) do chuveiro elétrico com o corpo molhado e o chuveiro ligado.

– Não mexer no interior de televisores, mesmo desligados. A carga elétrica pode estar acumulada e provocar choques muito perigosos.

– Verificar sempre os fios elétricos que ficam à vista. Com o tempo, sua capa protetora se desgasta. Nunca deixar um fio elétrico descoberto.

– Desligar o ferro elétrico ao interromper o serviço, para atender a campainha, telefone ou dar uma olhada na TV.

– Ao desligar um aparelho elétrico do circuito, puxar sempre pela tomada ("macho"), jamais pelo fio.

– Emendas no fio do ferro elétrico são perigosas.

– Jamais colocar roupas na parte traseira da geladeira; sobrecarrega-se o aparelho, aumentando o consumo de energia, e ainda há o risco de levar um choque.

– Instalar o fio terra em chuveiros e torneiras elétricas.

– Se tiver de emendar fios, utilizar os conectores de cerâmica. Se isso não for possível, sempre usar fita isolante. Jamais *durex* ou fita adesiva comum.

– Se no banheiro houver banheira, evitar deixar por perto aparelhos elétricos (som, TV, secador de cabelo, barbeador etc.). Se eles caírem na banheira durante um banho, o desastre pode ser fatal.

– Dizer a seus filhos para jamais pegarem um fio ou arame, mesmo que estiverem soltos. As chances de estarem conectados à rede elétrica podem existir.

– Se estiver chovendo ou relampejando, evitar falar ao telefone. Os raios são imprevisíveis. Ao ar livre, afastar-se das árvores. Elas são excelentes condutores e alvos de raios. Ainda, se estiver num lugar descampado, o melhor a fazer é se abaixar, saindo da posição de pára-raios.

– Com filhos pequenos, embutir os fios de TVs, sons e vídeos atrás dos armários. Não deixar que as crianças tenham acesso a eles até que possam compreender melhor do que se trata.

– As lâmpadas de natal merecem um cuidado especial. Certifiquem-se se eles estão em perfeito estado e evitem emendas. Essas "luzinhas" atraem os olhos infantis, e todo o cuidado é pouco.

E não se esqueçam de orientar a criança desde cedo sobre os riscos do choque elétrico.

Nas mãos
da babá

Capítulo 17

A criação de uma criança não é influenciada apenas pelas mensagens que ela recebe dos pais e familiares, mas também das pessoas a quem, por vezes, se confiam os filhos: as babás.

Logo, quando avaliar uma candidata ao cargo de babá, procurem averiguar a lista de referências apresentada por ela. Coloquem situações, façam perguntas do gênero: "O que você faria se...? Como você começou a trabalhar como babá?". Busque indícios de que a babá atenderá suas expectativas. Não é preciso ser um doutor em aplicação de testes psicológicos. Observem como as respostas são emitidas, a linguagem corporal, indicação se está falando a verdade; tudo isso constitui informações valiosas à maior aliada: sua intuição.

Deixem bem claro, já na entrevista, como são colocadas em sua casa as regras de disciplina para o(s) filho(s) e que vocês não admitem que outra pessoa lhes dêem palmadas. Formalizem também normas como: *não é permitido sair com a criança sem que os avise com antecedência e que a criança não seja medicada sem autorização.* Parece óbvio, mas antes prevenir do que remediar.

E continuem com o mesmo cuidado quando posteriormente forem escolher a escola e as atividades extras (balé, judô, natação).

Toda mudança é difícil. E é difícil para toda a família

Na hora de dizer *tchau* para o papai e para a mamãe, pode prevalecer o sentimento de perda. Tanto para os pais de primeira viagem, quanto para os filhos, sobretudo a partir dos seis meses de idade, quando o bebê começa a sentir maior ansiedade e o vínculo afetivo com os pais já é grande.

Um período de adaptação é a melhor opção, antes que isso se torne um problema. Nesse início, não deixem a criança sozinha com a babá por muito tempo. Vá aumentando esse tempo aos poucos. Assim a criança vai acostumando-se com a ausência.

Conversem sobre a nova babá com a criança. Observem se ela está feliz. Crianças dificilmente camuflam sentimentos. Se algo estiver errado, logo será percebido no comportamento da criança, mesmo que ela ainda não emita palavras. Conheço um bebê de um ano e meio que, sempre que vê a empregada doméstica que trabalha em sua casa, abre aquele sorriso. "Desde que nasceu, a empregada assumiu a função de babá espontaneamente", conta a mãe. "Ela já era de minha confiança e agora foi 'adotada' por meu filho também".

Outro ponto que merece destaque é nunca sair escondido de casa. Despeçam-se naturalmente. Se saem às escondidas, a criança se sente insegura e achando que os pais podem *sumir* de uma hora para outra. Não se iludam: até mesmo um bebê percebe a ausência dos pais.

Educar uma criança para que seja responsável requer sinceridade para com ela. Onde pensam que se encontra a raiz de um vínculo de confiança?

As crianças reagem à separação de diversas maneiras. Mas tenham certeza de que até mesmo as crianças com mais dificuldades para se adaptar a essa nova situação, se atendidas com afeto e atenção, com o tempo acabam acostumando-se e amadurecendo com a mudança.

Ensinem desde cedo que a mamãe e o papai têm de trabalhar, mas que mais tarde estão de volta. E cumpram essa promessa! Pois é da relação com os pais que a criança aprende que é seguro confiar nas pessoas que cuidam dela e em si própria. Em outras palavras, autoconfiança.

Monitorando as amizades de seu filho

Capítulo 18

Um dos motivos pelos quais se destaca a importância de formar os valores dos filhos desde cedo é que, mesmo antes de irem para a escola ou para outro grupo social além da família e estarem expostos às influências externas, os filhos já terão um sistema de valor moral condizente com suas expectativas de pais.

Pensem em vocês mesmos: não se comportam de maneira diferente quando se sentem inseguros de quando estão seguros? Em outras palavras, proporcionar aos filhos um ambiente familiar, no qual eles se sintam seguros para colocar suas opiniões, tirar suas dúvidas, aprender a ser menos vulneráveis e a pensar por si mesmos (com base nos valores que lhes foram transmitidos), é mais do que *criar* os filhos: é ajudá-los a estabelecer um padrão firme de valores, confiante, que os oriente à medida que forem estruturando novos sistemas de valores.

Como as crianças dão muito valor a seus amigos, é importante procurarmos conhecer o tipo de influência desses novos coleguinhas. Sabe-se que essas influências podem ou não ser positivas. E quando se tornam influências pouco saudáveis, impor simplesmente aos filhos um distanciamento desses amigos pode iniciar uma discussão pouco proveitosa entre pais e filhos, além de criar uma barreira entre os membros da própria família.

Nesses casos, é tarefa dos pais *conversar* com o filho sobre como ele vê o comportamento de tal colega e se ele percebe se isso afeta seu modo de ser e como. Comparem situações, dêem exemplos, dêem espaço para que o filho coloque suas opiniões e reflita. Aproveitem a oportunidade para colocar suas próprias experiências de quando viviam essa idade e assim estimulá-lo, num diálogo aberto e franco, a fazer suas reflexões e boas escolhas. Assim, ao final desse diálogo, estarão contribuindo para que ele esteja cada vez mais confiante em seu próprio sistema interno de valores e também esteja amadurecendo sua sensibilidade de discernir entre o certo e o errado.

Reforcem o fato de que, às vezes, seguir as idéias dos outros pode ser fácil ou ser uma atitude covarde e/ou de fraco. Mas ser o primeiro, ir à frente ou escolher uma opção diferente e mais condizente com seus valores próprios exigem coragem, força e determinação, mas os frutos dessa atitude são de qualidade superior.

Se vocês vêm, crescentemente, modelando o caráter dos filhos e mantendo sempre uma relação de afeto e compreensão com eles, não tenham dúvida de que essas crianças saberão entender e *confiar* em seu ponto de vista, mesmo em circunstâncias de difícil entendimento, e ainda depois de crescidos, na adolescência.

E é nessa fase da adolescência, rica em diversidades, mudanças físicas, psicológicas e comportamentais, que a importância da aceitação dos amigos, muitas vezes, estará presente mais do que nunca. É quando os pais devem esforçar-se mais para assegurar a seus filhos, através do diálogo aberto, sincero e franco, da escuta efetiva e trocas positivas, o que lhes vêm ensinando desde pequenos: *a opinião e a aprovação dos outros são menos importantes do que o sistema de valores e procedimentos que os acompanham desde a infância.* Conseqüentemente, os reflexos dessa influência familiar vão aparecer nas escolhas de grupos mais alegres, com atividades intensas, que buscam a expressão de suas emoções e sentimentos, sem que precisem refugiar-se em drogas e álcool. O filho será capaz de estabelecer um vínculo alegre e saudável com os amigos que escolher.

Dicas preciosas:

- Dê bons exemplos e ajude seu filho a criar uma fé firme e sincera em si mesmo e nos valores que construiu com sua participação.
- Envolva-se mais nas atividades dos filhos.
- Escolha cuidadosamente as escolas e as instituições que seu filho freqüenta (balé, judô, artes, natação).
- Procure conhecer os professores e também os pais dos amigos de seus filhos.
- Não hesite em receber os amigos dos filhos em sua casa.
- Quando adolescentes, ofereça para levar e buscar seus filhos e amigos nos passeios.

19

Hora do Banho

Cuidados com o próprio corpo

Capítulo 19

A identificação da criança com os hábitos de higiene começa em casa, observando os pais. Logo, na tenra infância, os pais devem apresentar à criança os princípios básicos da higiene íntima: ir aos poucos trocando os lenços umedecidos pelo papel higiênico depois do xixi; escovar os dentes; cuidar da pele; tomar banho; enfim, mostrar os bons hábitos da higiene corporal e gradualmente ir fazendo penetrar no ânimo da criança esses conceitos. Imagine uma mãe que só escova os dentes uma vez por dia!

Como ainda é muito pequena, nesse início a criança não compreende o que os pais estão dizendo, mas, aos poucos, começa a assimilar o que pode ou não fazer. A partir do primeiro ano de idade, os pais já podem ir transmitindo algumas regrinhas e conceitos de higiene de modo que, com o tempo e a disciplina, acabam virando hábitos.

O pequeno Arthur tem dois anos e meio e desde os onze meses a mamãe Carolina exercita com ele uma rotina que inclui escovar os dentinhos, tomar banho e lavar as mãos antes das refeições. Atualmente, alguns hábitos de higiene já são feitos sem que a mãe precise insistir ou lembrá-lo. Mesmo que o Arthur ainda não saiba exatamente o significado de higiene corporal, ele já sabe que, antes das refeições, é preciso lavar as mãos com sabão e que sempre depois que come tem de limpar os dentinhos.

Crianças se divertem com água. Então aproveitem esse gosto pela água para ensiná-las a lavar seu corpinho. E nada de correrias. Fazer com que as crianças desfrutem desse aprendizado exige tempo e paciência. O que não garante que a criança passe por uma fase que seja mais "resistente" ao banho, por volta dos sete anos. Nessa fase, paciência redobrada, já que, uma vez debaixo do chuveiro, desfrutam da água e até é preciso obrigá-los a sair. Mas convêm observar-lhes as orelhas, o pescoço, os pés... para que não existam dúvidas.

Os pais podem ainda dar aos filhos algumas possibilidades de escolha pessoal, contribuindo assim para que eles sintam que podem tomar algumas decisões: "Você prefere tomar banho antes do lanche ou antes do jantar?". "Quem vai tomar banho primeiro, você ou a mamãe?". E, claro, não esqueçam o elogio: dizer-lhes como estão bonitos quando acabam de tomar banho e com que cheirinho bom eles estão.

Quanto ao período ideal para iniciar o treinamento do controle urinário e intestinal de nossos filhos, é uma questão de observação. Fiquem atentos aos sinais que a própria criança fornece. Com o tempo, a criança avisa quando a fralda está suja (lá no início, com o choro e balbucios, e depois tentando expressar-se com palavras, apontando etc.). Por vezes, acompanham pais ou irmãos mais velhos ao banheiro e se interessam em saber o que acontece ali. Depois de apresentar o piniquinho, cabe aos pais esperar com paciência que seu filho decida usá-lo. Assim, esse abandono das fraldas se dará de forma tranqüila, natural e sem que a criança se sinta pressionada.

Não repreendam a criança só porque sujou as fraldas novamente ou fez um pouco fora do piniquinho. Com o tempo, a cumplicidade e o amor dos pais, ela irá sentindo-se mais segura e então já poderá ser levada ao vaso sanitário. Já existem assentos especiais que se encaixam no vaso e permitem que a criança se sinta mais segura. O treinamento para o controle da urina deve começar pelo período diurno, colocando a criança no banheiro para tentar urinar a cada três horas aproximadamente. Sempre explicando o que se deseja e até imitando o barulhinho do xixi. Dêem a ela referências temporais para ajudá-la a chegar ao banheiro a tempo. Como sempre, elogiem os sucessos e ignorem, sem comentários, as tentativas "sem sucesso".

Quando o filho já estiver usando o vaso com segurança, pode-se verificar se ele está pronto para deixar a fralda noturna. O controle urinário diurno geralmente se consegue até os dois anos e meio ou três anos, mas o noturno pode demorar até os cinco ou seis anos de idade. Só retirem as fraldas da noite quando ele demonstrar essa vontade e acordar com a fralda seca depois de várias manhãs consecutivas. Algumas crianças continuam a molhar a cama, às vezes, durante toda a infância. Esse fato só deve ser motivo de preocupação se ocorrer com freqüência.

Leitura complementar*

A higiene bucal dos dentes de leite é de fundamental importância.

É com os dentinhos sadios que os pequeninos poderão ter um bom desenvolvimento da fala e da mastigação (*alimentação*). Para isso, é preciso que os pais incentivem as crianças quanto à higiene bucal, pois elas merecem um sorriso saudável.

Dicas para os pais:

– As crianças devem escolher a própria escova e o creme dental, juntamente com a orientação dos pais. Lembrando que a escova dental deve ter cerdas macias e tamanho adequado à idade da criança.

– O creme dental deve ser usado com moderação. Uma pequena "bolinha" é suficiente para a escovação. A ingestão do creme dental deve ser evitada.

– O uso do fio dental é fundamental, pelo menos uma vez ao dia. Os pais devem ajudar as crianças nessa tarefa até que uma boa coordenação motora seja desenvolvida.

– A língua também faz parte da higiene oral. As crianças devem escovar a língua com a própria escova dental, com movimentos de dentro para fora.

– Os alimentos açucarados devem ser consumidos de forma moderada e, de preferência, logo após as refeições principais. Em seguida, deve ser feita a higiene bucal.

– A higiene bucal dos bebês deve ser feita duas vezes ao dia com uma gaze ou uma fralda embebida com água filtrada. E a partir dos seis meses, com a erupção do primeiro dentinho, os pais já podem levar a criança ao odontopediatra.

* Este texto foi desenvolvido e cedido pela dentista Cristiane Oliveira Cruz.

20

Os Pequenos Internautas

Orientação x Proibição

É discutível a influência do computador em nossa vida e o quanto essa máquina pode afetar a educação dos filhos.

Quando bem utilizado, ele pode ser um aliado no ensino, ajudando nas tarefas da escola e tornando mais suportáveis as tardes chuvosas dentro de casa. Já existem programas específicos para que a criança desenvolva a coordenação motora fina, a percepção de cores, as formas e ainda estimule o raciocínio lógico. O computador exige, porém, limites rigorosos.

Alguns especialistas acreditam que, quando as crianças utilizam o computador por longos períodos, estão expostas ao risco de se tornarem mais ansiosas. E, quando utilizado *muito precocemente*, o computador acaba por forçar pensamentos lógico-simbólicos e uma linguagem formal inadequados à criança, além de poder comprometer seu desenvolvimento neurológico normal.

Em contrapartida, uma segunda escola de pensamentos defende que, quanto antes as crianças tiverem contato com o computador e o utilizarem, elas terão futuramente grandes vantagens no mercado de trabalho e em outras atividades afins.

O que se quer ressaltar aqui é que, independentemente da crença dos pais, é preciso haver um equilíbrio entre as atividades do dia-a-dia e os momentos de brincadeira *online*. Por isso, a grande dica para os pais é que prestem bastante atenção em como seus filhos andam gastando o tempo com o computador. E não se esqueçam de que as crianças precisam de interação direta com as pessoas para desenvolverem todo o seu potencial. Além da importância da aprendizagem de tarefas, como a leitura, a escrita e o raciocínio.

Culpado ou inocente, o computador já faz parte da vida de todos. Melhor que discutir se o mundo das crianças deve ou não ter computador – até porque ele já tem –, é saber como usá-lo a seu favor. Deixar o micro na sala, por exemplo, democratiza seu uso e é uma maneira mais fácil de controlar o que o filho está acessando ou que atividade está desenvolvendo. Outra dica importante é a de se inteirar se seu filho está na casa de um amigo que tem computador no quarto, e aí conversar com os pais do amigo sobre que tipo de sites seu filho pode acessar. Os pais também devem estar atentos a momentos como esses.

Se, à medida que crescem, os filhos não querem outra vida a não ser passar horas na frente do computador e não se sentem à vontade na presença de pessoas como papai e mamãe: fiquem atentos! Esse é um comportamento inadequado. O computador é um recurso para o sucesso e não um risco para eles. Devemos ensiná-los a utilizar essa ferramenta com sabedoria. E, se necessário, sejam enérgicos.

Lembrem-se: a felicidade e o sucesso na vida são determinados pelos empreendimentos e relacionamentos com as pessoas. São essas experiências que nos ensinam mais sobre nós mesmos.

A espontaneidade e o entusiasmo em nosso comportamento não são influenciados pela capacidade em lidar com computadores. Mesmo porque adquirir aptidões no computador, em qualquer idade, é relativamente fácil. Ao contrário, é através dos relacionamentos que se aprende a arte da amizade e a desenvolver habilidades como liderança e criatividade.

21
Uma Última Conversa com os
SENHORES PAPAI E MAMÃE

Capítulo 21

Para finalizar esse "bate-papo", gostaríamos de relembrar alguns aspectos importantes que foram apontados. Partimos do pressuposto teórico de que os primeiros anos de vida são transcendentais para a evolução da criança como pessoa autônoma, criativa e socializada. Podemos até dizer que essa é a etapa básica para a manutenção posterior do equilíbrio da personalidade e para o desenvolvimento da inteligência.

Sem qualquer objetivo pedagógico direto, mas certamente na perspectiva de uma influência clara sobre as fases de adaptação social e afetiva da criança, propusemos um trabalho calcado em uma nova perspectiva, a da *Relação Afetiva* entre pais e filhos, na medida em que essa relação está diretamente associada à aquisição de autonomia e espontaneidade da criança.

Vimos que até mesmo um bebê já estabelece uma comunicação simbólica com os pais e com o ambiente em que vive. Ele está aberto às intervenções que recebe do meio, e essas contribuem, e muito, para sua estruturação cognitiva e evolução afetiva.

O espaço a que se propõe a *Autonomia Doméstica Infantil* é um espaço onde se busca potencializar e, muitas vezes, resgatar o prazer, a auto-estima, a empatia, a simpatia e a autoconfiança através do relacionamento com os pais e pessoas significativas, reconhecendo a instituição familiar como uma "unidade vital".

E os aspectos a serem trabalhados nesse processo educacional têm algumas premissas básicas, quais sejam: afeto, acesso a verdades, um espaço adequado, com segurança e condições necessárias para movimentos e aprendizados através de experiências, preservando as seguintes características: espontaneidade, permissividade, desculpabilizante, de contenção e com mediação corporal do adulto.

Espontaneidade, na medida em que a criança é incentivada a tomar iniciativas a partir de limites simples e claros colocados pelos pais. A atitude dos pais é de escuta, de participação e abertura ao diálogo, e essa abertura para a espontaneidade não deve ser confundida com um "deixar fazer" sem objetivos claros.

Permissivo, na medida em que a criança se sente livre para ser mais autêntica e manifestar seus desejos livremente. Mas, nesse quadro permissivo, o que vale são os limites claros acenados anteriormente.

Desculpabilizante, na medida em que os pais não emitem juízo de valores negativos ou pouco condizentes com a realidade e permitem autonomia para que a criança possa colocar e testar suas idéias e propostas em um diálogo em família.

De contenção, na medida em que os pais "assumem" um papel muito específico, pois são permanentemente, durante o desenvolvimento da criança, os elementos de segurança e de contenção para o bom amadurecimento infantil. A disponibilidade dos pais para com o filho os transforma, muitas vezes, no *parceiro simbólico*, na imagem de segurança e na garantia da realidade.

Escutar, esperar, observar, perceber, sentir e participar são constantes atitudes dos pais nesse ensinamento. Eles devem receber as "produções" da criança e procurar entender, no decorrer dos dias e dos anos, quais são as características e os aspectos da criança que precisam ser mais bem estruturados.

E é através dessa observação e de *bons exemplos* que se cultiva uma relação de confiança entre pais e filhos. Dessa relação vai sendo extraído um conjunto de dados que nos permite conhecer melhor os filhos e suas estratégias relacionais, tanto positivas como negativas, e entender também os comportamentos que eles adotam.

Ao se referenciar nos pais que recebem suas "produções", sem julgamento, a criança pode trazer para esse espaço familiar suas angústias, suas ansiedades e seus medos. E porque esses pais tentam, com um apoio, através de um reforço positivo, que elas mesmas sejam capazes de cada vez melhor elaborar e desenvolver sua reflexão sobre seus problemas, é que a criança aprende e evolui mesmo em uma situação problemática.

Finalmente, podemos relacionar alguns dos objetivos da prática da *Autonomia Doméstica na Educação Infantil*, tendo como marco referencial o que foi mencionado anteriormente:

- Favorecer e desenvolver a autonomia da criança.
- Resgatar o prazer de aprender, através da criatividade e espontaneidade.
- Oferecer aos pais referências de uma modalidade de trabalho educativo e preventivo que facilite o desenvolvimento global das crianças.
- Prevenir dificuldades relacionais que possam interferir no processo ensino-aprendizagem;
- Resgatar e integrar a auto-estima e autoconfiança nos objetivos educacionais dos pais, sem priorizar performances, contemplando tanto a aquisição de conhecimentos como o desenvolvimento harmônico da personalidade, a conquista da identidade e o equilíbrio afetivo.

Impressão e acabamento
Gráfica e Editora Santuário
Em Sistema CTcP
Rua Pe. Claro Monteiro, 342
Fone 012 3104-2000 / Fax 012 3104-2036
12570-000 Aparecida-SP